1001

घर-गृहस्थी के काम की बातें

प्रस्तुति
शशि गोयल

वी एण्ड एस पब्लिशर्स

प्रकाशक

वी एण्ड एस पब्लिशर्स

F-2/16, अंसारी रोड, दरियागंज, नई दिल्ली-110002
☎ 23240026, 23240027 • फैक्स: 011-23240028
E-mail: info@vspublishers.com • *Website:* www.vspublishers.com

क्षेत्रीय कार्यालय : हैदराबाद

5-1-707/1, ब्रिज भवन (सेन्ट्रल बैंक ऑफ इण्डिया लेन के पास)
बैंक स्ट्रीट, कोटी, हैदराबाद–500 095
☎ 040-24737290
E-mail: vspublishershyd@gmail.com

शाखा : मुम्बई

जयवंत इंडस्ट्रिअल इस्टेट, 1st फ्लोर-108, तारदेव रोड
अपोजिट सोबो सेन्ट्रल, मुम्बई – 400 034
☎ 022-23510736
E-mail: vspublishersmum@gmail.com

BUY OUR BOOKS FROM: AMAZON FLIPKART

ISBN 978-93-814488-6-1

संस्करण 2020

प्राक्कथन

जीवन का कोई भी पहलू हो, कुशलता व परिपक्वता उसे एक नया रंग देती है। घर-परिवार में भी यदि किसी वस्तु का कम मेहनत में अधिक से अधिक उपयोग किया जा सके, तो वह उस वस्तु की सार्थकता है और आपके रुपयों का सदुपयोग, क्योंकि कभी-कभी छोटी-छोटी बातों की जानकारी न होने से चीजें पुरानी होने पर फेंक दी जाती हैं, या फिर बदरंग वस्तुएं ही प्रयोग में आती रहती हैं। लेकिन बहुत-सी छोटी बातें ही उन वस्तुओं को नया रूप दे देती हैं। उनका उपयोग कर अपनी कुशलता का परिचय दिया जा सकता है।

खाना बनाना भी एक कला है। इस कला में प्रवीणता कुछ बातों से आती है। किस प्रकार बचा हुआ खाना फिर से नये रूप में पकाया जा सकता है, या किस वस्तु के प्रयोग से आपके द्वारा बनायी वस्तु अधिक स्वादिष्ट बन सकती है, इसकी जानकारी एक परिपक्व गृहणी को होनी ही चाहिए।

प्रस्तुत पुस्तक में समय-समय पर कुशल महिलाओं द्वारा आजमाये हुए नुस्खों का संकलन है जिनके लिए कहा जा सकता है—''देखन में छोटे लगें घाव करें गंभीर''।

इस पुस्तक को कई वर्गों में विभक्त किया है जिससे उपयोग करने में सुविधा रहे जैसे— रसोईघर : साफ-सफाई व खान पान, घरेलू सामान की रख-रखाव, पौधे, सौंदर्य रक्षा इत्यादि।

संभवत: यह पुस्तक महिलाओं की और साथ ही कुछ हद तक पुरुषों की कई परेशानियों को हल करेगी।

—शशि गोयल

अनुक्रमिका

रसोई उपकरणों की सफाई

❑

रसोई व बिजली के उपकरणों को नया व चमकदार बनाने के लिए नॉयलान के झावे से उन पर मिट्टी का तेल लगाकर यूं ही रातभर छोड़ दें। सुबह हल्के गीले कपड़े से उन्हें रगड़कर साफ करें।

❑

चूल्हों या कड़ाहियों पर जमी हुई चिकनाई को आसानी से साफ करने के लिए रूई में थिनर लगाकर साफ करें।

❑

गैस बर्नर के छेद खोलने के लिए बर्नर को सोडा मिले पानी में रातभर रखें, सुबह पानी से पोंछ दें।

❑

गैस के चूल्हे पर खाना बनाते समय विविध पदार्थों के गिरने से उसके आसपास गंदगी की तह बैठ जाती है। यदि महीन नमक घिसकर उसकी सफाई की जाए तो गंदगी और गंध दोनों ही दूर हो जाती हैं।

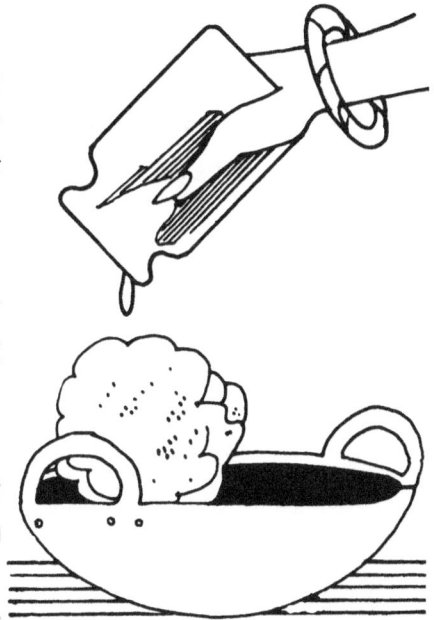

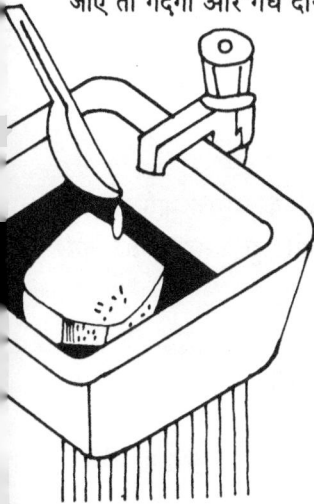

❑

माइक्रोवेव ओवन साफ करने के लिए हल्के गीले कपड़े पर थोड़ा-सा दांत साफ करने का कोई भी मंजन डालें और मुलायम कपड़े से रगड़ें, इसके धब्बे तुरंत साफ हो जाएंगे।

❑

वाशबेसिन साफ करने के लिए स्पंज का एक चौरस टुकड़ा लेकर उस पर एक चम्मच सफाई का कोई भी पाउडर या सर्फ डालें। प्रतिदिन उस टुकड़े पर कुछ बूंद पानी की डालें। वेसिन को पोंछ लें, बाद में स्पंज को सूखने रख दें। यह एक चम्मच सर्फ या

विम पूरे एक हफ्ते चलेगा। एक सप्ताह बाद उस स्पंज को पानी में डालकर फिर पाउडर डालें और काम में लाएं।

कॉफी

❏

कॉफी बनाते समय उसमें जरा-सा बोर्नवीटा मिलाइऐ, इससे अलग ही स्वाद आएगा।

❏

कॉफी में कॉफी की सुगंध अधिक आए, इसके लिए उसे उबालने से पहले पानी में चुटकी भर नमक मिला देना चाहिए।

पुदीना

❏

पुदीना सुखाकर चूर्ण बना लीजिए, यह रायते में और दही-बड़े को सजाने के काम आएगा।

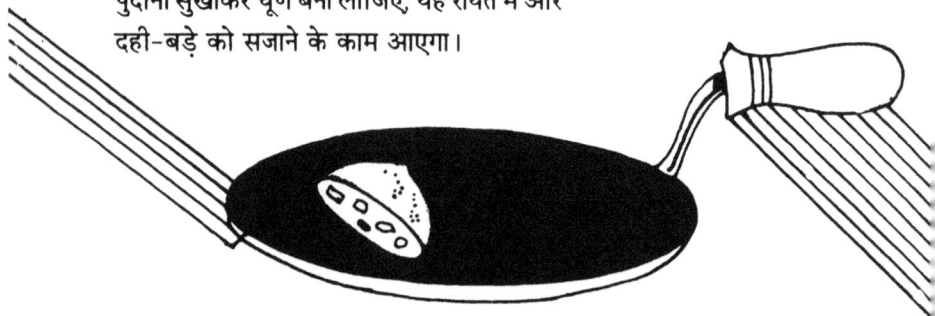

❏

टमाटर के सूप में यदि एक चम्मच बारीक पिसा पुदीना मिला दिया जाये, तो उसका स्वाद बढ़ जाता है।

तवा

❏

रोटी बनाने के बाद तवे पर थोड़ा-सा नीबू मल देने से तवा साफ हो जाता है।

6

❏
साधारण कड़ाही या फ्राइंग पैन को आप निर्लेप यानि नॉन स्टिक बना सकती हैं। उसके लिए कड़ाही या फ्राइंग पैन में पहले आप कुछ देर तक नमक भूनें फिर उसमें से नमक निकालकर तेल-घी डालकर कुछ भी तलें। अब पेंदे पर कुछ भी नहीं चिपकेगा।

❏
निर्लेप करने के लिए प्याज का भी उपयोग किया जा सकता है।

❏
कोई भी वस्तु पकाने से पहले कड़ाही व तवे को खूब गर्म कर लें, घी कम लगेगा और जीरा आदि चमक कर आएगा।

कुकर की रबड़

❏
कुकर की रबड़ खोलते ही ठंडे पानी से धो दी जाए, तो जल्दी खराब नहीं होगी।

❏
कुकर की रबड़ यदि थोड़ी ढीली है, तो उसे फ्रीजर में कुछ देर के लिए रख दें, वह पहले की तरह ठीक काम करने लगेगी।

❏
कुकर की रबड़ यदि ढीली हो तो उसे काटकर सी लें। वह ठीक काम करेगी।

रोटी

❏
गैस पर सेंकने के बाद यदि रोटियां कड़ी हो जाती हैं तो उन्हें सेंककर कुकर में रख दें। थोड़ी देर के लिए ढक्कन लगा दें। रोटियां गर्म और मुलायम रहेंगी।

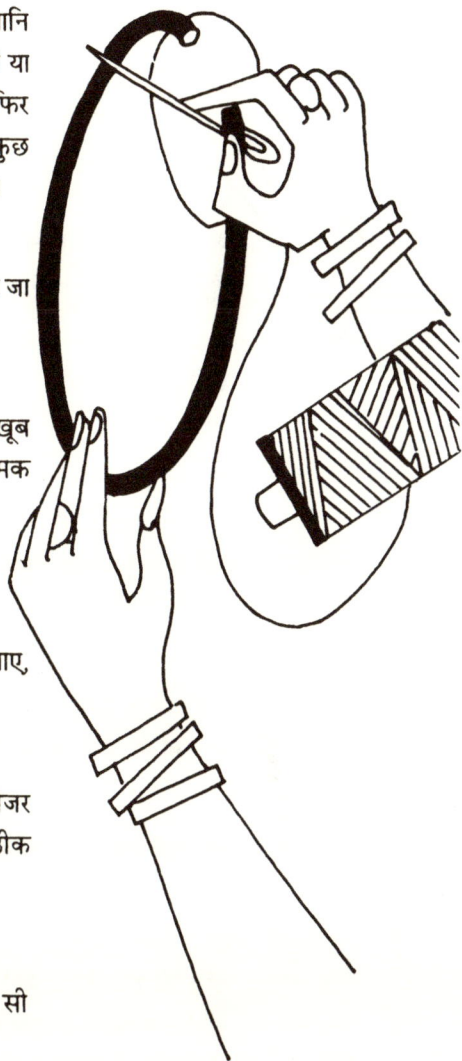

अंडे

❑
अगर पानी में नमक डालकर अंडे उबाले जाएं, तो छिलका आसानी से उतरेगा।

❑
उबले अंडे छिलका उतारकर ठंडे पानी में रखें, वे जल्द खराब नहीं होंगे।

❑
फ्रिज में से अंडों को निकालकर फौरन नहीं फेंटना चाहिए। कुछ देर बाहर रखकर फेंटिए। इससे अधिक झाग बनेंगे।

❑
एक अंडे के झाग यदि एक कप बनेंगे, तो तीन अंडों के झाग नौ अंडों के बराबर बनेंगे।

❑
यदि फेंटे हुए अंडे में थोड़ा-सा ब्रैड का चूरा मिला लिया जाए, तो उसका परिमाण बढ़ जाता है।

❑
अंडे की सफेदी को जर्दी से अलग करने के लिए छोटी-सी कुप्पी उपयुक्त रहती है। सफेद भाग नली में से निकलकर ऊपर पीला भाग रह जाएगा।

❑
ऑमलेट के लिए अंडे फेंटते समय उनमें चार बूंद नीबू का रस डाल दीजिए, अंडे की बदबू नहीं फैलेगी। उनमें एक चम्मच दही मिलाने से स्वाद और बढ़ जाएगा।

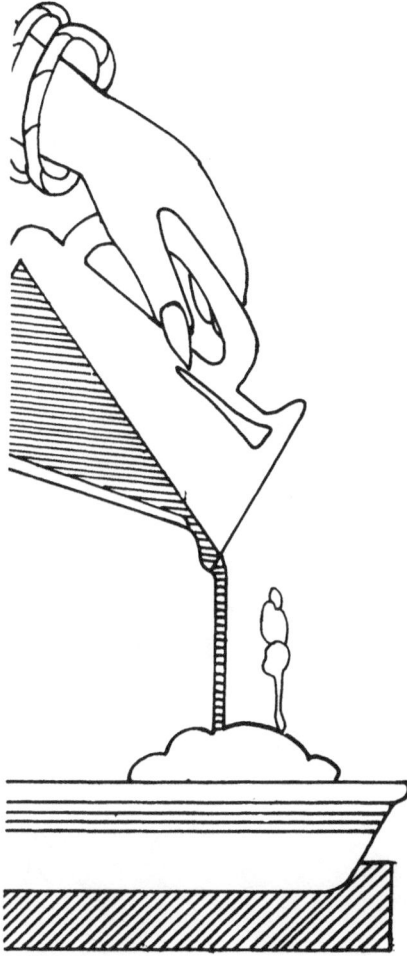

❑

अंडों को गर्म सॉस में डालने से पहले किसी गर्म पदार्थ, जैसे कि दूध या गर्म पानी में डालकर अच्छी तरह फेंट लें। इससे डालते समय अंडा फटेगा नहीं और अच्छीं तरह से मिल भी जायेगा।

❑

दरार पड़े या क्रैक अंडे पर सेलोटेप लगाकर अधिक दिनों तक सुरक्षित रखा जा सकता है।

आटा

❑

आटा पिसवाते समय इसमें थोड़ी-थोड़ी मात्रा में सोयाबीन, मूंगदाल और मेथी डाल दीजिए। इससे बनी रोटी पौष्टिक होगी।

❑

आटे को यदि ठंडे पानी के स्थान पर गर्म पानी से गूंधा जाए तो रोटी स्वादिष्ट व नर्म बनती है।

❑

आटे को गूंधने के बाद उस पर हल्की-सी घी की परत चढ़ा दें। इससे आटा खमीरा नहीं होगा। कारण, चिकनाई की तह की वजह से खमीर करने वाले कीटाणु आटे पर नहीं चिपक पाते और आटा खमीरा होने से बच जाता है।

❑

आटा गूंधने के बाद थाली में चारों और लगा आटा रोटी बनाते समय सूख जाता है। यह आटा बर्तन साफ करने पर नहीं छूटता, इसलिए आटा गूंधने के बाद थोड़ा-सा नमक और दो-चार बूंद पानी हाथ में लेकर पूरी थाली पर गूंधा आटा फेरें, सारा आटा उसमें चिपक जाएगा।

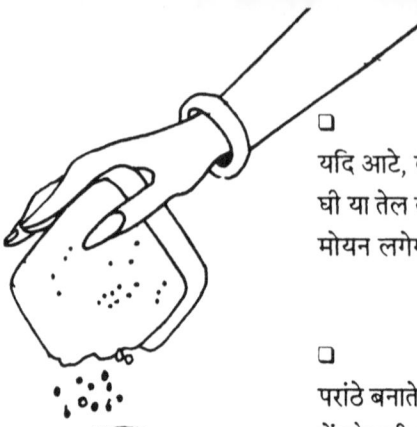

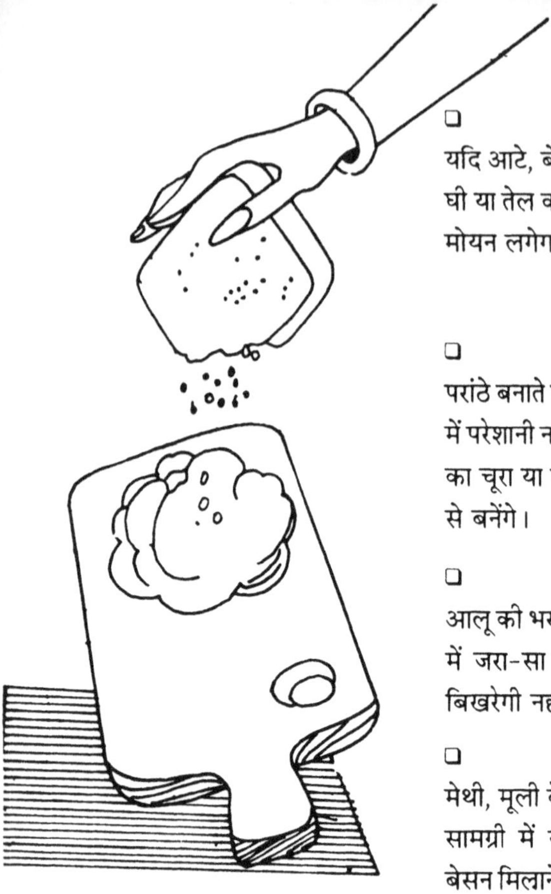

यदि आटे, बेसन या मैदे में मोयन देना हो, तो पहले घी या तेल को गर्म कर लें। उससे कम घी में अच्छा मोयन लगेगा और चीज अधिक खस्ता बनेगी।

परांठा

❑

परांठे बनाते समय आलू चिपचिपे न हों, परांठे बेलने में परेशानी न हो, इसके लिए आलू की पिट्ठी में ब्रैड का चूरा या बेसन भून कर मिला दें, परांठे आसानी से बनेंगे।

❑

आलू की भरवां कचौड़ी बनाते समय भी यदि पिट्ठी में जरा-सा चिवड़ा मिला दिया जाए, तो पिट्ठी बिखरेगी नहीं।

❑

मेथी, मूली के परांठे बनाते समय कद्दूकस की गई सामग्री में नमक-मिर्च व मसालों के अतिरिक्त बेसन मिलाने से परांठे स्वादिष्ट व पौष्टिक तो हो ही जाते हैं, उनमें करारापन भी आ जाता है, क्योंकि बेसन पानी सोख लेता है।

❑

रखने के लिए मुलायम परांठे बनाने हों, तो आटा गूंधते समय जरा-सी पकी हुई दाल डाल दें, परांठे मुलायम रहेंगे।

❑

मेथी के परांठे यदि दही से गूंधे गए आटे के बनाए जाएं, तो अधिक स्वादिष्ट बनेंगे।

❑

मेथी, दाल के परांठों का स्वाद यदि बढ़ाना हो, तो आटे को गूंधते समय उसमें थोड़ा-सा बेसन मिला दें।

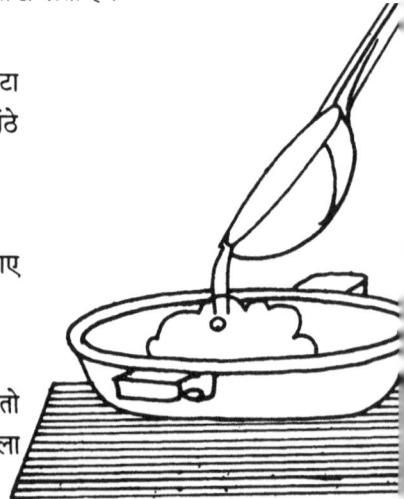

पूरी

❑

नर्म-खस्ता पूरी बनाने के लिए मोयन का उपयोग न करके आटे को दही या दूध से गूंधें।

❑

पूरियों के लिए आटा गूंधते समय आटे में थोड़ा-सा बेसन मिला लें, पूरियां खस्ता बनेंगी।

❑

सफर के लिए पूरियां बनानी हों, तो आटा दूध से गूंधें, इनमें जल्दी बासीपन नहीं आएगा।

❑

मक्की के आटे को गुनगुने चावल के मांड से गूंधिये, रोटी स्वादिष्ट और आसानी से बनेगी।

❑

मक्का और बाजरे की रोटी दूध की खाली थैली चकले पर बिछाकर बनाएं तो थापने और उठाने में आसानी रहेगी।

इडली व डोसा

❑

डोसा, मंगोड़े व पकौड़े के लिए पिसी दाल को या घोल को दूध डालकर फेंटें, व्यंजन बहुत ही कुरकुरा बनेगा। ध्यान रहे कि किसी घोल में नमक डालकर फेंटने से व्यंजन का कुरकुरापन जाता रहता है। फेंटने के बाद नमक डालकर तुरंत उतारें।

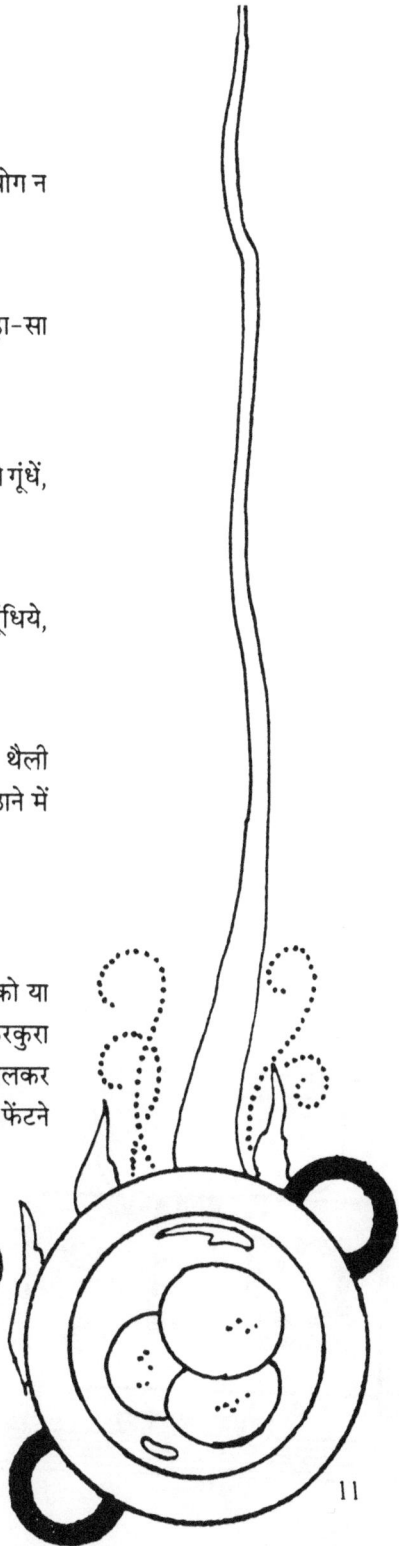

11

❏

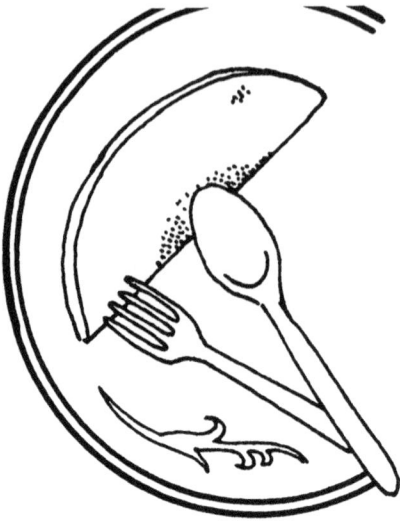

डोसे के चावलों में यदि बचे हुए थोड़-से उबले चावल मिला दिए जाएं और पीस दिये जाएं, तो डोसा अधिक करारा व पतला बनेगा।

❏

अक्सर पहला डोसा तवे पर चिपक जाता है। तवे पर चिकनाई के साथ थोड़ा-सा नमक मिलाकर तवा पोंछ लें, फिर डोसा फैलाएं।

❏

डोसा व इडली यदि जालीदार बनाने हों, तो मिश्रण में एक चम्मच सिरका डाल दें।

❏

इडली व डोसे के लिए चावलों को भिगोने से पहले जरा-सा भून लें। इससे इडली स्पंजी बनेगी और डोसा करारा।

❏

इडली के लिए दाल भिगोते समय उसमें एक चम्मच मेथीदाना भी डालें। इससे इडली अत्यधिक मुलायम बनेगी।

❏

दो पापड़ पांच मिनट के लिए जरा-से पानी में भिगोएं, उनका घोल इडली के घोल में मिला दें इससे भी इडली मुलायम बनेगी।

❏

सर्दियों में इडली या डोसे के मिश्रण में खमीर उठाने के लिए मिश्रण से भरे पतीले को वोल्टेज स्टेबलाइजर के ऊपर रख दें, रातभर में अच्छा खमीर उठ जाएगा।

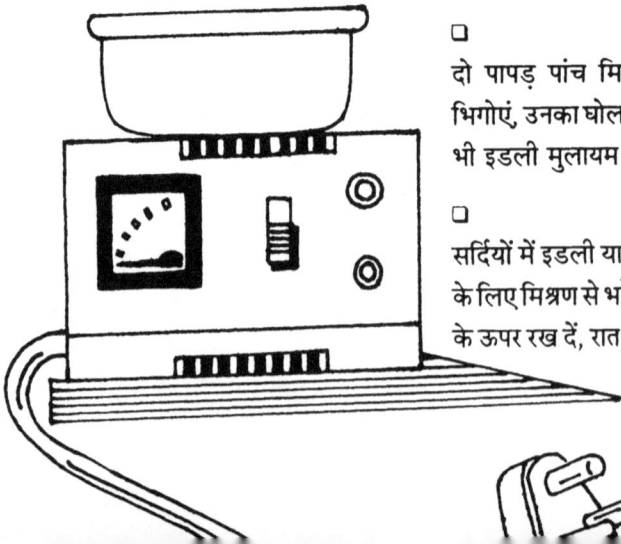

आइसक्रीम

❑

आप चाहती है कि आपकी आइसक्रीम में बर्फ न आये तो आइसक्रीम को फ्रीजर में कुछ देर रखने के बाद बाहर निकाल लें। थोड़ी जमी आइसक्रीम पर थोड़ा-सा नमक बुरक दें और उसे फिर से फ्रीजर में रख दें। ऐसा करते समय यह सावधानी जरुर बरतें कि आइसक्रीम हिले नहीं। ऐसा करने पर आइसक्रीम में बर्फ भी नहीं आएगी और वह स्वादिष्ट भी बनेगी।

❑

आइसक्रीम में बर्फ न जमे, इसके लिए उबालकर ठंडे किए दूध में पहले आधा नीबू का रस मिला दें और फिर उस दूध को फ्रिज में रख दें।

❑

एक बार निकालकर दोबारा फ्रिज में रखने से पहले उस पर पॉलिथिन की शीट लगाने से क्रिस्टल नहीं बनेंगे।

❑

अच्छी और मुलायम आइसक्रीम जमाने के लिए एल्यूमिनियम का ढक्कनदार बर्तन ही लें। पहले फ्रिज को डिफ्रास्ट कर लें। फिर बर्तन को ठंडा कर लें। अब इसमें मिश्रण को डालकर अधिकतम तापक्रम पर फ्रीजर में रखें। जब मिश्रण थोड़ा सैट हो जाए, तो तापक्रम सामान्य कर दें। ऐसा करने से आइसक्रीम स्वादिष्ट बनेगी।

❑

जिन प्यालों में आपने आइसक्रीम सर्व करनी है, उन्हें फ्रिज में रखकर ठंडे कर लें, इससे आइसक्रीम देर से गलेगी।

ऐसे सुधारें बिगड़े काम

❑

सब्जी में यदि लाल मिर्च अधिक पड़ गई हो, तो
उसमें सॉस, नीबू का रस या इमली का रस डालें।
इससे तीखापन कम हो जाएगा।

❑

सब्जी में यदि नमक ज्यादा पड़ गया हो, तो उसमें
लकड़ी का कोयला धोकर डाल दें। कोयले को कुछ
देर बाद निकाल दें! इससे सब्जी में नमक कम हो
जाएगा।

❑

यदि आपने किसी चीज में नमक अधिक डाल दिया
हो, तो उसमें व्यंजन के अनुसार एक चम्मच चीनी,
उबले आलू, टमाटर का रस या नीबू का रस अथवा
उबली चने की दाल मिला दें। लौकी या तुरई की
सब्जी में बेसन की बिना नमक की पकौड़ी या बूंदी
मिला दें। सब्जी स्वादिष्ट हो जाएगी और नमक भी
कम हो जाएगा।

❑

यदि गलती से आपने हल्दी अधिक डाल दी हो, तो
एक लोहे का चमचा आग पर गर्म करके रस में डुबो
दें। धीरे-धीरे उसे ठंडा होने दें।

❑

हल्दी अधिक पड़ जाने पर पतला सफेद कपड़े का
टुकड़ा पतीले या कुकर के ऊपर डाल दें, कपड़ा
अतिरिक्त हल्दी सोख लेगा।

❑

यदि पुलाव में पानी ज्यादा हो गया हो, तो एक साफ
मोटा तौलिया पुलाव पर ढककर कुकर कुछ देर के
लिए बंद कर दें, अधिक पानी तौलिया सोख लेगा।

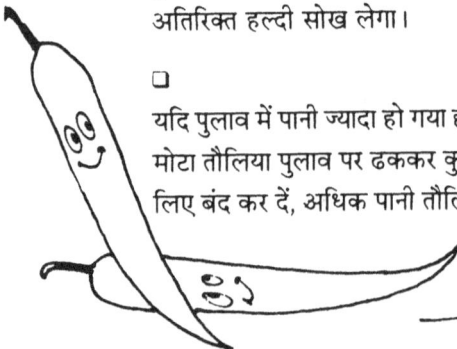

❏

कभी-कभी मठरियां मोयन कम होने की वजह से
सख्त हो जाती हैं या फिर नर्म हो जाती हैं तथा उनमें
ताजापन भी नहीं रहता, तो खाने से पहले ओवन में
उन्हें दस मिनट गर्म कर लेना चाहिए। इससे वे
बिल्कुल ताजा व कुरकुरी हो जाती हैं।

❏

अगर टोस्ट जल गए हों, तो दो टोस्टों को आपस में
रगड़ दें।

❏

हींग यदि सूख कर कड़ी हो गई हो, तो एक हरी मिर्च
उसके साथ रख दें।

ताजापन

❏

बासी सब्जी में ताजापन लाने के लिए ठंडे पानी में
नीबू का रस मिलाकर उसमें सब्जी को एक घंटे रख
दें, सब्जी में ताजगी आ जाएगी।

❏

बासी रोटियों को फ्रिज में रखकर बाद में पानी का
छींटा देकर गर्म करने से वे एकदम ताजी रोटियां बन
जाती हैं।

❏

बासी मक्खन को सुगंधित बनाए रखने के लिए
मक्खन को थोड़ी देर खाने वाला सोडा मिले पानी
में रखें।

❏

लड्डू आदि में ताजगी लाने के लिए उन्हें जरा देर
ओवन में गर्म करें। सर्दियों में आटे आदि के लड्डू
व सोन पापड़ी ओवन में एकदम ताजा हो जाती हैं।

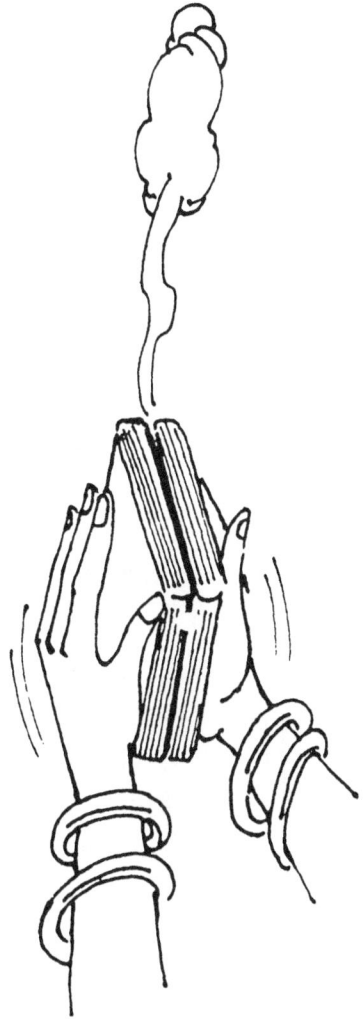

अचार-मुरब्बा

❑

अचार रखने से पहले सूखे मर्तबान में हींग की धूनी देने से अचार सुगंधित बनता है तथा काफी दिनों तक खराब भी नहीं होता।

❑

नीबू का अचार यदि खराब महक देने लगे, तो उसमें थोड़ा-सा सिरका डाल दें, वह फिर से महकने लगेगा।

❑

मुरब्बा बनाते समय फलों की चाशनी में एक चम्मच ग्लीसरीन मिला दें। इससे मुरब्बा काफी स्वादिष्ट और सुगंधित बनता है तथा उसमें चीनी भी कम लगती है।

न होने पर

❑

यदि कश्मीरी मिर्च न हों, तो बीज निकालकर 2-3 लाल मिर्चों को गुनगुने पानी में कुछ मिनट तक भिगोकर रखें, इस मिर्च से रसदार सब्जी में आकर्षक गहरा लाल रंग आ जाएगा और व्यंजन ज्यादा तीखा भी नहीं होगा।

❑

यदि प्राकृतिक लाल रंग चाहिए, तो चुकंदर कसकर धूप में सुखा दें। फिर ग्राइंडर में पीस लें, खाने का लाल रंग तैयार हो जाएगा।

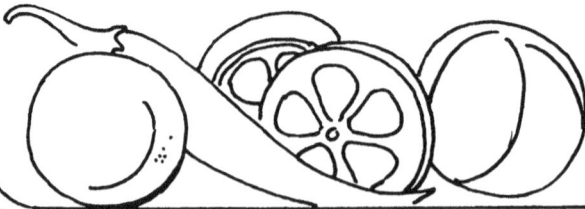

❑

सब्जियों में डालने के लिए टमाटर न मिल पाएं, तो टमैटो कैच-अप डालें।

❑

अगर टमाटर न हों, तो उसके स्थान पर ताजा दही में चुटकी भर पिसी चीनी और एक बूंद लाल रंग डालकर टमैटो पल्प बन जाता है।

❑

ताजी अजवाइन उपलब्ध न हो, तो गाजर के सिरे को काटकर मिला दें, अजवाइन का ही स्वाद देगा।

कस्टर्ड

❑

कस्टर्ड बनाने के लिए दूध उबालते समय यदि उसमें डाली जाने वाली चीनी की मात्रा को कुछ कम करके उसमें थोड़ा-सा शहद डाल दिया जाये, तो स्वाद व सुगंध बढ़ जाती है।

❑

कस्टर्ड में एक चम्मच ब्रैंडी मिलाएं, वह अधिक जायकेदार हो जाएगा।

❑

कस्टर्ड बनाने के लिए जो दूध आप गर्म कर रही हैं, उसे आंच से नीचे उतारकर ही उसमें कस्टर्ड घोल डालें और फिर दूध को आंच पर रखकर पकाएं। ऐसा करने से कस्टर्ड में गांठें नहीं पड़तीं।

जैम जैली

❑

जैम-जैली जल्दी जमें इसके लिए उसे जरा-जरा-सा गर्म पानी डालकर घोलिए। फिर उसमें आइसक्यूब और ठंडे पानी को डालिए। जैम जमाने वाले बर्तन को भी ठंडे पानी में से निकालिए।

कढ़ी

❏

कढ़ी में करीपत्ता और मिर्च बांधकर डालिए, इससे आपको बच्चों को कढ़ी देने में सुविधा रहेगी।

❏

कढ़ी में करीपत्ता डालने से उसका स्वाद बढ़ जाता है।

❏

एक बार कढ़ी में बेसन के स्थान पर कार्न फ्लोर प्रयोग में लाकर देखें, आप बार-बार कॉर्न फ्लॉर वाली कढ़ी ही खाना चाहेंगी।

❏

कढ़ी में बेसन के स्थान पर अरहर की दाल भी प्रयोग में लाई जा सकती है।

पुलाव

❏

पुलाव बनाना हो, तो चावल कुछ देर पहले धोकर पानी निथारकर रखें। पकाने से पूर्व चुटकी भर हल्दी लेकर धुले चावलों को लगाकर पुलाव बनाएं, पुलाव का रंग अच्छा आएगा।

❏

लाल कसी हुई गाजर पुलाव में डालिए, पुलाव में केसरिया रंग निखर आयेगा।

❏

आधे पके पुलाव में यदि एक चम्मच शक्कर डाल दी जाये, तो वह दाना-दाना खिल उठेगा।

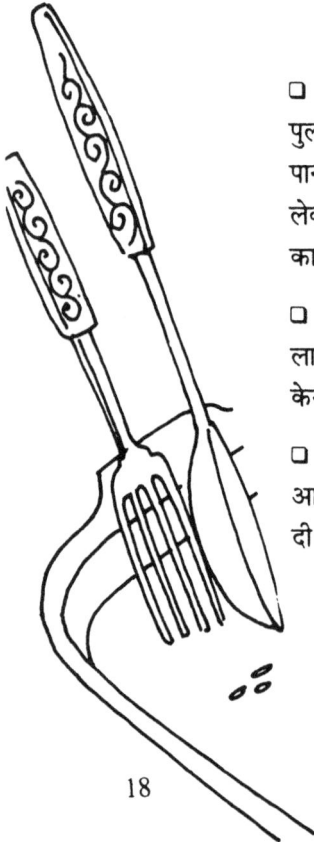

चटनी

❑ किसी भी प्रकार की नमकीन चटनी बनाते समय यदि उसमें ऊपर से एक छोटा चम्मच मक्खन डाल दिया जाये, तो चटनी की पौष्टिकता व स्वाद बढ़ जाता है।

चावल

❑ बनाने से पहले चावलों को यदि नमक मिले पानी में भिगोकर रखा जाए, तो वे सफेद बनेंगे।

❑ चावल खिले-खिले बनें, इसके लिए तैयार चावलों के बर्तन पर गीला कपड़ा बिछाकर उन्हें दस मिनट के लिए प्लेट से ढक दें।

❑ तैयार चावलों के ऊपर एक टुकड़ा ब्रैड का रख देने से वह टुकड़ा अतिरिक्त नमी सोख लेगा और चावल खिले-खिले बनेंगे।

❑ जब चावल पकने के लिए तैयार हो जाएं, तो कुछ बूंदे नीबू के रस की उनमें डाल दें। वे खिले और स्फेद बनेंगे।

❑ चावल बन कर तैयार हो जाएं तो उनमें एक चम्मच घी डाल दें, वे सुगंधित हो जाएंगे।

चाय

❑ चाय को सुगंधित बनाने के लिए उबलते पानी में सूखे संतरे के छिलके का जरा-सा टुकड़ा डाल दें।

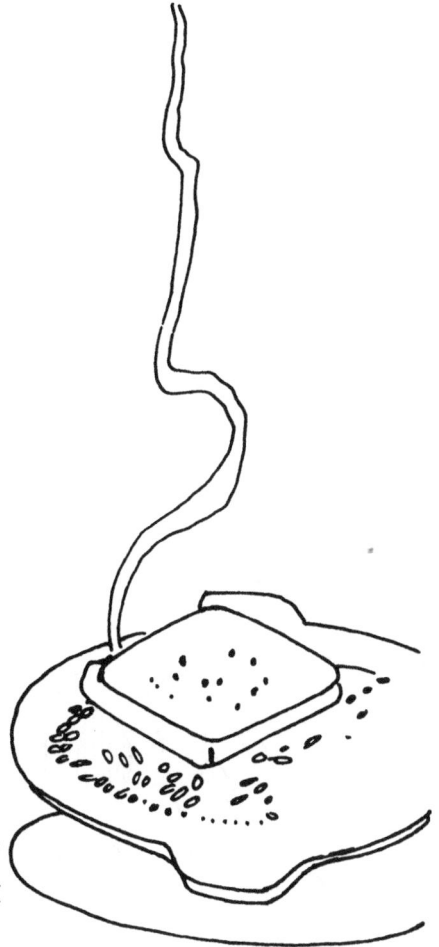

❑

अधिक समय तक थर्मस में चाय रखने से स्वाद खराब हो जाता है। इससे बचने के लिए पानी में दूध और चीनी डालकर उबाल लीजिए और उसे थर्मस में रख लीजिए। जब चाय पीनी हो, तो थर्मस में पत्ती डालकर पीजिए, स्वाद में बासीपन नहीं होगा।

काटना

❑

भुरभुरी चीज गर्म चाकू से आसानी से कटेगी।

❑

गर्म पानी में चाकू डुबोकर कच्चा मीट व सब्जी काटें, आसानी से कट जाएगी। टिन का मीट अच्छी तरह कटे इसके लिए उसे एक घंटे तक पहले फ्रिज में रख दें।

❑

सलाद काटने से पहले सब्जी-फल आदि को कुछ देर ठंडे पानी में डुबोकर रखिए, इससे सलाद मुलायम न होकर कड़ा रहेगा तथा उसे काटने में भी आसानी रहेगी।

❑

सलाद के लिए टमाटर खड़े काटें, वे जल्द ढीले नहीं पड़ेंगे।

❑

लोहे के चाकू से टमाटर न काटें। उसमें उपस्थित टैनिन नामक पदार्थ से ऑक्सीकरण होता है जिससे सॉस काली बनती है, इसलिए स्टील का चाकू ही उपयोग में लाएं।

❑

उबले अंडे के छल्ले साफ काटने हों तो एक पतले मजबूत धागे को सीधा पकड़कर उसससे काटें।

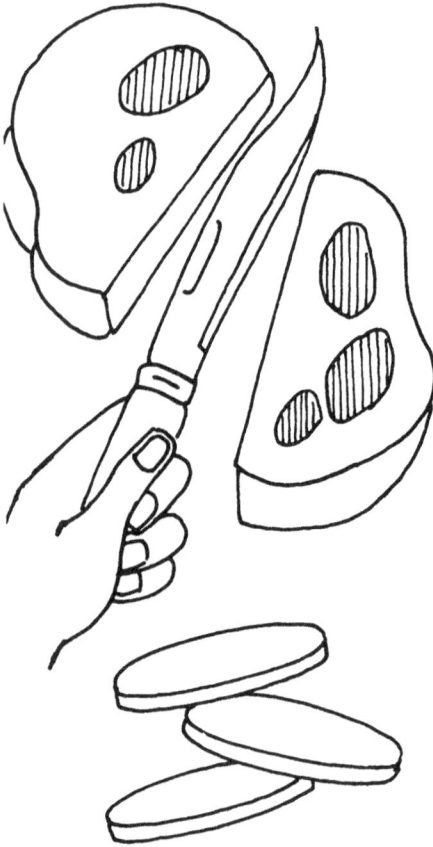

❑

ब्रैड के किनारों को काटने के लिए कैंची का प्रयोग करें इससे वे शीघ्र और साफ कटेंगे।

❑

हरी मिर्च काटने के लिए कैंची का इस्तेमाल करें, इससे आपका हाथ मिर्च से नहीं लगेगा।

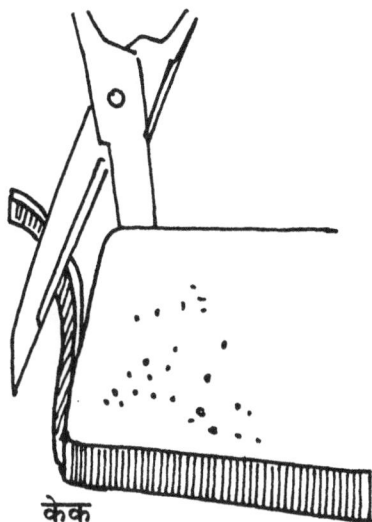

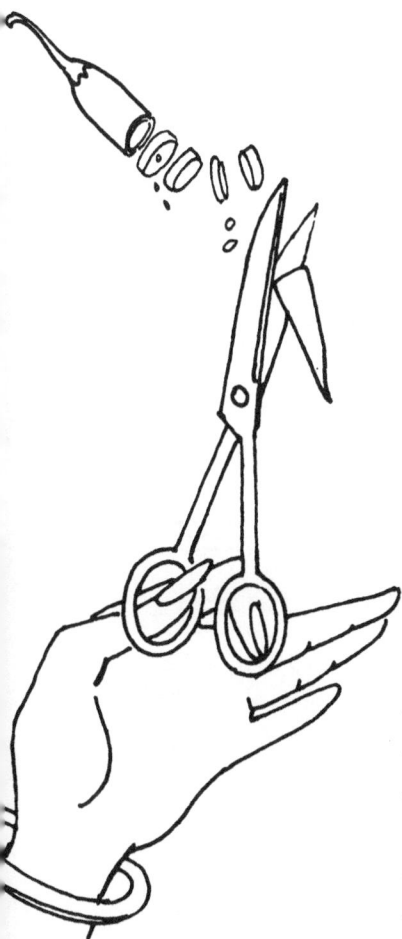

केक

❑

यदि केक बनाने का टिन नहीं है, तो चिंता न कीजिए। एल्यूमिनियम फॉयल को दो बार किसी बर्तन के चारों ओर लपेटिए और किनारे मोड़ लीजिए। लीजिए, केक बनाने के लिए टिन तैयार है।

❑

केक का मिश्रण हमेशा एक ही दिशा में फेंटें।

❑

केक बनाते समय उसके मिश्रण में जग-सी ग्लीसरीन मिला दें, इससे केक मुलायम और स्पंजी बनेगा।

❑

क्रीम को आधे नीबू में फेंट लें, तब अंडे का सफेद भाग क्रीम में मिलाएं।

❑

घर में मैदा कम हो तो केक में एक या दो चम्मच ब्रैड का चूरा मिलाने से केक और भी स्वादिष्ट बनेगा।

❑

बादाम आदि यदि केक या बिस्कुट पर लगाने हों, तो उन्हें दूध में भिगोकर लगाएं, इससे वे अलग होकर गिरेंगे नहीं।

21

केक या बिस्कुट बनाते समय उसे बार-बार खोलकर न देखें। ऐसा करने से उसमें हवा भर जाती है और केक अंदर की तरफ दब जाता है। ढक्कन के छेद में से तीली डालकर पता लगाएं कि वह पूरी तरह तैयार हुआ है या नहीं।

❑

केक को इडली के सांचे में बनाइए, अलग-अलग, छोटे-छोटे केक तैयार हो जाएंगे।

❑

केक को एक-सा और सुगमता से काटने के लिए सिलाई के धागे को दोनों हाथों से कसकर पकड़कर आर-पार काट लें। केक एक-सा कटेगा।

❑

केक को लंबे समय तक ताजा रखने के लिए हवा-बंद डिब्बे में डबल रोटी के साथ रखें, बीच-बीच में स्लाइस बदलती रहें।

❑

केक को उल्टे टिन में स्टोर करें। टिन के ढक्कन के ऊपर केक रखकर टिन को उल्टा करके ढक दें, इससे जहां केक सुरक्षित रहेगा वहीं उसे काटने में भी आसानी रहेगी।

❑

बिना ओवन के भी केक बनाया जाता है। प्रेशर कुकर को बालू से भरिए। उस पर बेक करने का बर्तन रख दीजिए और कुकर बंद कर दीजिए। अब बिना वजन उसे धीमी आंच पर पकाइए। करीब चालीस मिनट में आपको केक तैयार मिलेगा।

❑

बिस्कुट बनाते समय उन पर एक ब्रश फेंटे हुए अंडे का लगा दें, इससे बिस्कुट ऊपर से चमकदार और सुनहरे हो जाएंगे।

22

❏

मक्खनी बिस्कुट या फ्रूट केक यदि ओवन से निकालने के बाद अधिक पका हुआ या सूखा बन गया हो, तो उसे तह किये तौलिये से ढक दें। जब वह ठंडा हो जाये, तो तौलिया उठा लें। केक नर्म हो जायेगा।

❏

बूरा, शक्कर और दूध पेस्ट्री को चमकदार बनाते हैं।

❏

पुडिंग की आइसक्रीम बनाने के लिए दूध गाढ़ा करते समय उसमें चुटकी भर सोडा डाल दें, दूध में गांठें नहीं पड़ेंगी।

❏

पुडिंग तैयार करते समय जरा-सा नीबू का रस डालिए, पुडिंग का स्वाद बढ़ जाएगा।

❏

पुडिंग को भाप में बनाते समय बर्तन काले हो जाते हैं। स्टीम करने वाले पानी में संतरे या नीबू के छिलके छोड़ दे। इससे पुडिंग पर भी कोई असर नहीं होगा, साथ ही बर्तन भी काले नहीं होंगे।

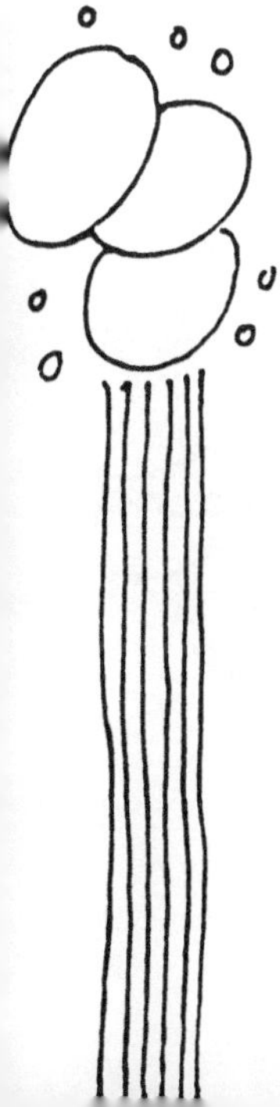

❏

मेयोनीज बनाने के लिए अंडे सीधे फ्रिज से निकालकर इस्तेमाल न करें। उन्हें कुछ देर बाहर निकालकर रखने के बाद ही फेंटें। ऐसा करने से मेयोनीज मुलायम और खस्ता बनेगा, नहीं तो वह दही की तरह जम जाएगा।

गाढ़ा करना

❏

किसी सब्जी के शोरबे को गाढ़ा करने के लिए आटे के बजाय कचालू का प्रयोग करें, इससे शोरबा स्वादिष्ट तो बनेगा ही, साथ ही उसमें गुठली भी नहीं पड़ेगी।

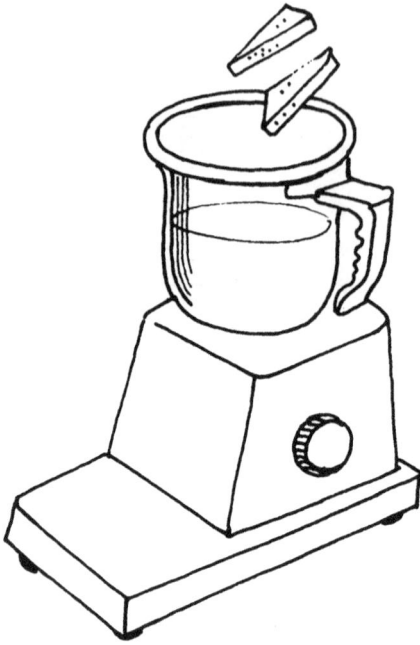

❑

टमाटर का सूप बनाने के लिए टमाटर को उबालकर मिक्सी में फेंटने से पहले एक-दो स्लाइस ब्रैड के डालकर फेंटने से सूप गाढ़ा होगा और स्वादी भी।

गलाना

❑

अगर मीट कड़ा हो, तो उसे उबालते समय लहसुन के बीच का हिस्सा प्रेशर कुकर में डालिए, मीट मुलायम हो जाएगा।

❑

अगर मटन बनाते समय गल न रहा हो, तो उसमें अखबार का टुकड़ा डाल दें, वह फौरन गल जाएगा।

❑

साबुत मूंग, उड़द आदि पकाते समय यदि एक-दो टुकड़े खीरे या ककड़ी के उनमें डाल दिए जाएं, तो वे जल्दी पकते हैं।

छीलना

❑

लहसुन के छिलके जल्दी निकालने के लिए उस पर गरम सरसों का तेल लगाएं, छिलके आसानी से निकल जाएंगे।

❑

लहसुन के छिलके आसानी से उतारने के लिए लहसुन की कलियों को पांच मिनट तक गुनगुने पानी में भिगोएं फिर उन्हें खुरदुरे कपड़े से रगड़ें, छिलका आसानी से उतर जाएगा।

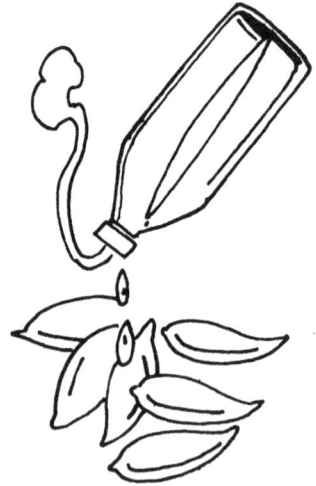

❑

टमाटरों को कड़े होने तक फ्रिज में रखें। फिर पकाने से पहले उन्हें गर्म पानी से धोएं अब टमाटर आसानी से छीले जा सकते हैं।

❑

टमाटरों को जरा-सा लौ पर घुमाएं। उनका छिलका आसानी से उतर जाएगा।

❏

टमाटर छीलने के पहले उस पर धन (+) का चिन्ह लगाएं, छिलका आसानी से उतरेगा।

❏

कच्चे नारियल की छाल उतारकर उसे गर्म पानी में रातभर रखा रहने दें, सुबह उसे धीरे-धीरे जमीन पर मारें। वह पूरा-का-पूरा साबुत निकल आएगा।

जिन्स

❏

थर्मस में सूखी मटर को तेज गर्म पानी में रातभर भीगने के लिए रखें। सुबह तक वह ताजे मटर जैसी खिल जायेगी।

❏

बहुत देर तक पकने वाली जिन्सें जैसे—चने आदि भी थर्मस में उबलता पानी और सोडा डालकर रखने से बहुत जल्दी पकती हैं।

❏

साबुत जिन्स बनाते समय दो-तीन बूंद नारियल तेल डालिए, वे जल्दी पकेंगी।

❏

यदि साबुत जिन्स ज्यादा उबल जाये जैसे—चने आदि, तो उन्हें कुछ देर फ्रिज में रखकर उपयोग में लाएं, कड़क हो जाएंगे।

❏

हरी मटर पक जाने पर जल्दी गलती नहीं। इसके लिए खौलते पानी में चुटकी भर नमक और खाने का सोडा डालकर उसमें पकी मटर को थोड़ी देर पकाइए। छलनी में ठंडा होने पर उसके दाने छिलके सहित निकालिए, पकी-सख्त मटर मुलायम हो जायेगी और जल्दी गलेगी।

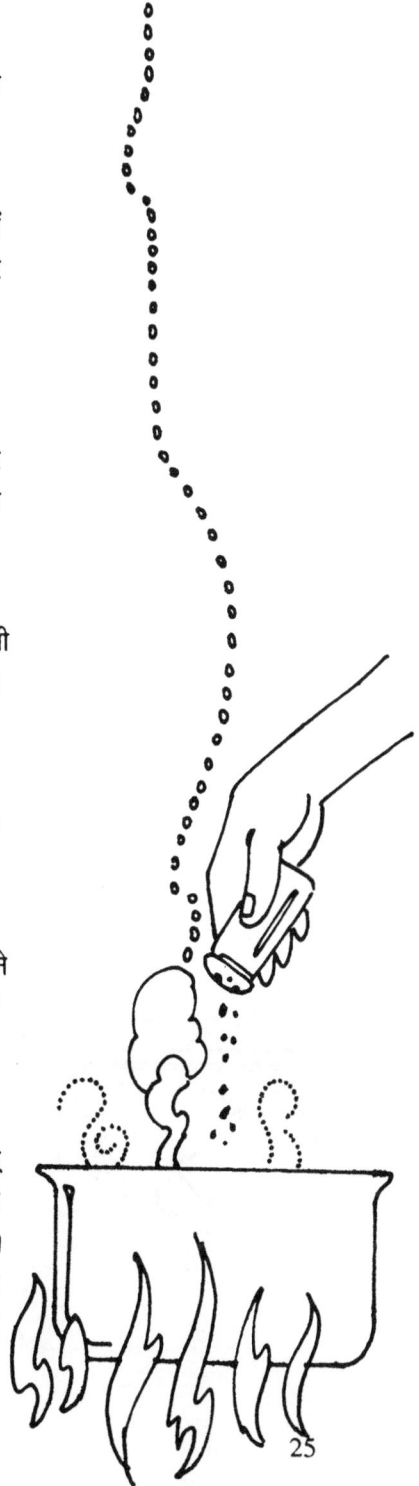

25

तलने से पहले

❑

मूंगफली को भूनने से पहले छलनी में डालकर उबलते पानी में से निकालें। इसके बाद तलें। अब मूंगफली के दाने हल्के भी होंगे और स्वादिष्ट भी।

❑

यदि आप दालमोठ तल रही हैं, तो दाल को गलाते समय उसमें एक कप दूध अवश्य डालें, उससे दालमोठ हल्की और खस्ता बनेगी।

❑

तलने से पहले अगर ब्रैड को दूध में डुबोकर निचोड़ लिया जाए, तो तेल भी कम लगेगा और ब्रैड भी स्वादिष्ट बनेगी।

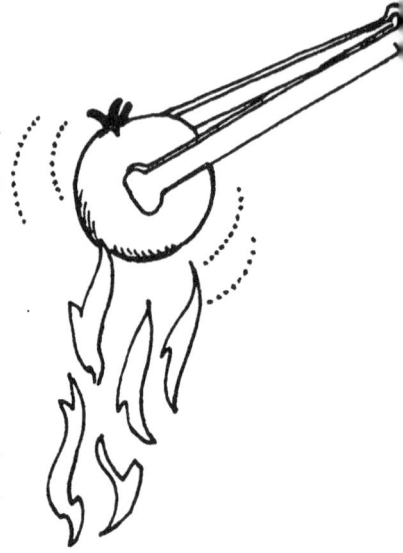

❑

कटलेट को साबूदाने के घोल में लपेटकर तलें, इससे वे अधिक कुरकुरे बनेंगे।

❑

आलू, गोभी और मटर के कोफ्ते बनाने के लिए बेसन की जगह कॉर्न फ्लोर का प्रयोग करें, कोफ्ते अधिक स्वादिष्ट बनेंगे और उनमें उसी सब्जी का स्वाद आएगा, जिसके कि कोफ्ते हैं।

❑

समोसे बनाते समय आटे में एक चम्मच कॉर्न फ्लोर मिला दें, समोसे खस्ता बनेंगे।

तेल या घी

❑

अगर कड़ाही में पड़े तेल या घी के ऊपर गंदगी है, तो उसे गर्म करके उसमें एक आलू का टुकड़ा तल लें, वह गंदगी दूर हो जाएगी।

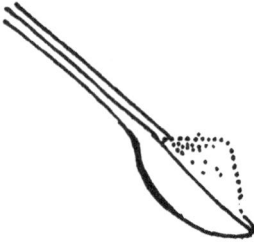

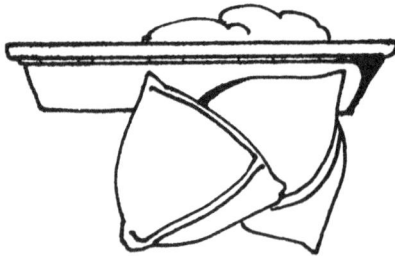

❏

तेल या घी में कोई चीज तलने से पहले उसमें दो-तीन बूंद सिरके की डाल दें, इससे तेल या घी तले जाने वाले व्यंजन में भरेगा भी नहीं और चीज भी अच्छी तली जाएगी।

❏

किसी वस्तु को तलते समय घी छिटककर ऊपर न आए, इसके लिए तलने वाली वस्तु के साथ डबल रोटी का टुकड़ा भी घी में डाल दें। इससे घी नहीं छिटकता।

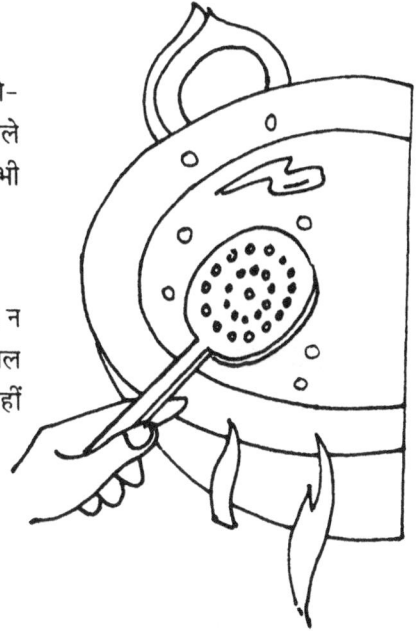

❏

यदि आप पूरियां तेल में तल रहीं हैं और चाहती हैं कि उनका रंग सफेद हो, तो गर्म तेल में अमरूद के चार-पांच पत्ते डाल दें। तेल में आम के पत्ते डालने से भी पूरियां सफेद होंगी और तेल में झाग भी नहीं बनेगा।

❏

अगर आप दानेदार घी बनाना चाहती हैं, तो क्रीम पकाते समय उसमें पानी के कुछ छींटे डाल दें, इससे घी दानेदार हो जाएगा।

❏

घी में पान की पत्ती डालकर उबालने से घी सुगंधित हो जाता है।

❏

घी या तेल की आखिरी बूंद भी डिब्बे या थैली से निकालनी है, तो उसमें गर्म पानी डालें। जब पानी ठंडा हो जायेगा, तो पानी पर घी की पर्त-सी जम जाएगी, जिसे आसानी से निकाला जा सकता है। तेल के पानी को आटा आदि गूंधने के उपयोग में लाइए।

दही

❑

दही जमाने के लिए जमावन की जगह मकराने के पत्थर के 3 × 3 टुकड़े का प्रयोग करें इससे दही चक्केदार जमेगा। हर समय दही जमाने के लिए वही पत्थर साफ करके प्रयोग करें, जमावन रखने की समस्या नहीं रहेगी।

❑

चक्केदार दही जमाने के लिए दूध को गुनगुना गर्म करें। अब इसमें जामन मिलाकर दो-तीन बार दूसरे बर्तन में डालकर उछालें, फिर कैसेरोल में डालकर बंद कर दें। यह दही साधारण की तुलना में जल्दी और अच्छा जमेगा।

❑

सर्दी में दही आसानी से जमाने के लिए लोटें में दूध गुनगुना कर जामन डालकर उसे आटे के डिब्बे में ढककर रख दें। डिब्बे को भी ढक दें, लगभग छ: घंटे में दही जमा हुआ मिलेगा।

❑

यदि दो ही घंटे में दही जमाना हो, तो दूध गर्म करके उसमें आधा कप दही व चार हरी मिर्च की डंडियां डालकर उछालिए, फिर एक मलमल का कपड़ा बांधकर धूप में रख दीजिए।

❑

यदि दही न जमे, तो एक चौड़े मुंह वाला बर्तन गर्म पानी से भरें, उसमें दही का बर्तन रखकर प्लेट से ढक दें। तीस मिनट बाद गाढ़ा दही जमा तैयार मिलेगा।

❑

दही जल्दी जमाने के लिए एक साबुत लाल मिर्च दूध में डाल दें।

❏

यदि दही खट्टा हो गया हो, तो उससे तिगुनी मात्रा में पानी डालकर उसे तीन-चार घंटे के लिए एक तरफ रख दें। फिर उसके ऊपर का पानी निथार दें, बचा हुआ दही खट्टा नहीं होगा।

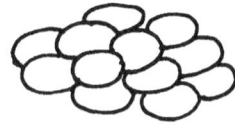

दाल

❏

कुकर में दाल बनाते समय अक्सर सीटी आने पर दाल का पानी बाहर आ जाता है, अगर दाल बनाते समय आधा चम्मच घी डाल दें, तो पानी बाहर नहीं आएगा।

❏

उड़द और मूंग की दाल बनाने से पहले उसमें एक छोटा चम्मच मक्खन डाल दें। इससे दाल स्वादिष्ट बनती है।

❏

दाल की पिट्ठी भूनने से पहले कड़ाही में घी या तेल गर्म करके उसमें थोड़ा-सा गेहूं का आटा डालें फिर पिट्ठी डालें, पिट्ठी चिपकेगी नहीं।

❏

दही-बड़े की पिट्ठी में अगर थोड़ा-सा दही मिला लिया जाए, तो ये बड़े नर्म बनते हैं और घी भी कम लगता है।

❏

मूंग और उड़द की दाल के दही-बड़े बनाते समय पिट्ठी में एक बड़ी चम्मच मैदा डालकर उसे फेंटें, तो दही-बड़ा गोल तथा सफेद बनेगा।

❏

उड़द की दाल के बड़े बनाते समय यदि तलने वाले तेल में एक चम्मच घी डाल लिया जाए, तो वे कम तेल पीते हैं और करारे भी बनते हैं।

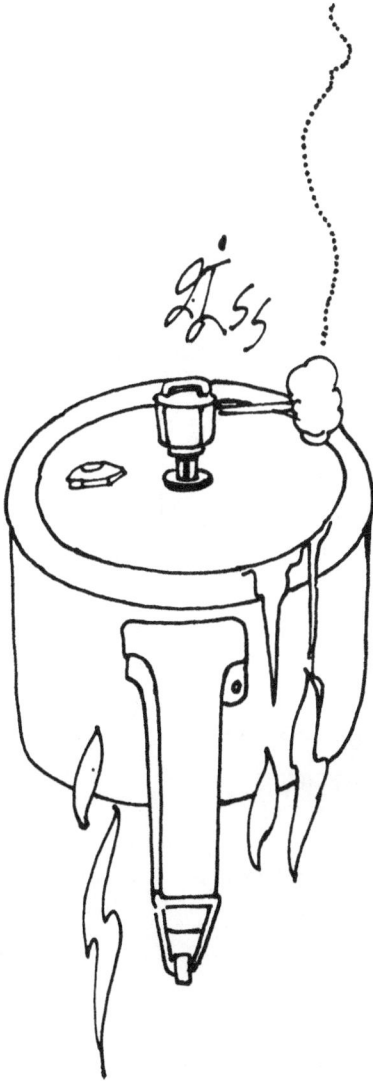

29

❑

दाल की बड़ियां बनाने के लिए दाल को एक दिन पहले ही हींग के साथ पिसवाइए, बड़ियां खस्ता बनेंगी।

दूध

❑

दूध उबलकर गिरे नहीं, इसके लिए उसमें एक बिंधा मोती डाल दें।

❑

दूध उबलकर निकलने लगे, तो गैस तो बंद कर ही दें पर साथ ही पानी के छींटे भी मार दें, दूध निकलने से बच जाएगा।

❑

स्टील के बर्तन में दाल, कढ़ी आदि उबले नहीं, इसके लिए पहले तली में एक कड़छी पानी में चुटकी भर चीनी या नमक घोलकर डाल देना चाहिए।

❑

दूध उबालते समय यदि उसमें एक चम्मच शक्कर डाल दी जाए, तो काफी समय तक वह खराब नहीं होता।

❑

यदि गैस जलाकर पतीले को खूब गर्म कर लें, उसके बाद धार बांधकर पतीले में धीरे-धीरे दूध डालें, तो दूध फटने से बच जाएगा।

❑

बासी दूध फट जाने की आशंका हो, तो एक चम्मच मकई का आटा घोल कर डाल दें।

❑

गर्मी में अगर दूध फ्रिज से बाहर रखा रह जाए या उबलने में देर हो जाए, तो फट जाता है। ऐसे समय जरा-सा खाने वाला सोडा उसमें मिला दें, दूध नहीं फटेगा।

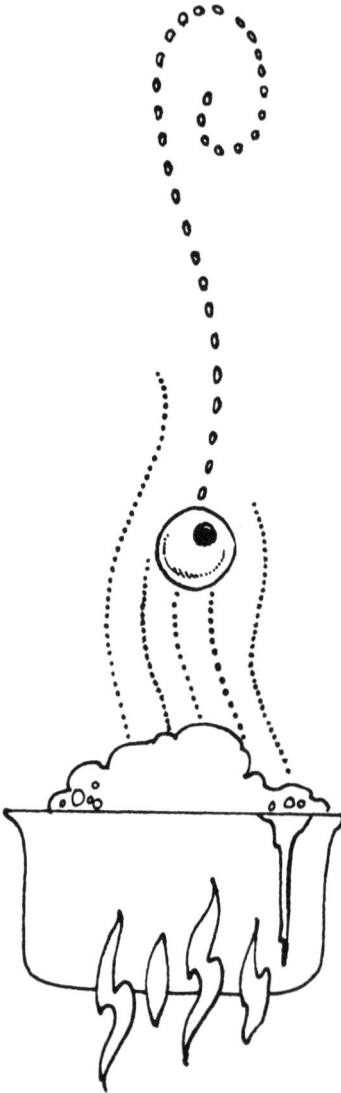

❏

जले दूध की महक दूर करने के लिए दो हरे पान के पत्ते डालकर दूध को थोड़ी देर गर्म करें, उसमें से जलने की महक दूर हो जाएगी।

नीबू

❏

यदि आप नीबू की कुछ बूंदें ही प्रयोग करना चाहती हैं, तो नीबू में सींक से छेद करके आवश्यकतानुसार रस निचोड़ लें, फिर सींक को छेद में लगाकर रखें या फॉयल में लपेटकर रखें, नीबू ताजा रहेगा।

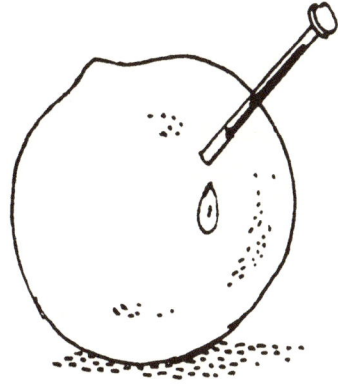

❏

जरा-सा नीबू का रस चाहिए, तो पूरा नीबू न काटें। बस उसमें जरा-सा कट लगाएं, आवश्यकतानुसार रस निचोड़कर कट पर टेप लगा दें।

❏

कटा हुआ नीबू कड़वा हो जाता है, इसके लिए काटने के तुरंत बाद नीबू को धो लें। वह कड़वा नहीं होगा।

❏

नीबू को कुछ देर पानी में रखिए, फिर काटकर निचोड़िए, रस दोगुना निकलेगा।

❏

नीबू, नारंगी और संतरे इत्यादि का रस अच्छी तरह से निचोड़ने के लिए उन्हें पहले हल्का गर्म कर लें, रस आसानी से निकलेगा।

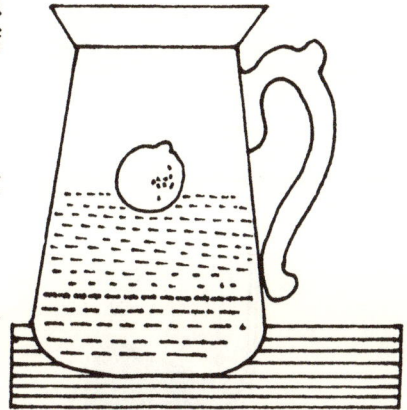

पनीर

❏

घर का बना पनीर अधिक दानेदार बनता है, इसलिए पनीर को कपड़े में डालकर ही ठंडे पानी में डुबो दें, पनीर में दाने नहीं बनेंगे।

❏

मट्ठा से भी पनीर बनाया जा सकता है। आधा किलो मट्ठे में एक सौ ग्राम दूध मिलाकर थोड़ी देर पकाने से पनीर बन जाता है।

❏

पनीर को यदि टिश्यू पेपर में लपेटकर किसी गत्ते के कार्टन में उल्टा कर रखा जाए, तो वह अधिक दिन सुरक्षित रहेगा।

❏

पनीर को यदि थोड़ी-सी शक्कर के साथ पॉलिथिन में लपेटकर रखा जाए, तो उसमें न तो फफूंद लगती है और न ही वह सूखता है।

❏

पनीर को पानी में डुबोकर फ्रिज में रख दें, कभी-कभी पानी बदल दें, वह जल्दी खराब नहीं होगा।

❏

पनीर बनाने के लिए सिरके का प्रयोग करें, पनीर मुलायम बनेगा।

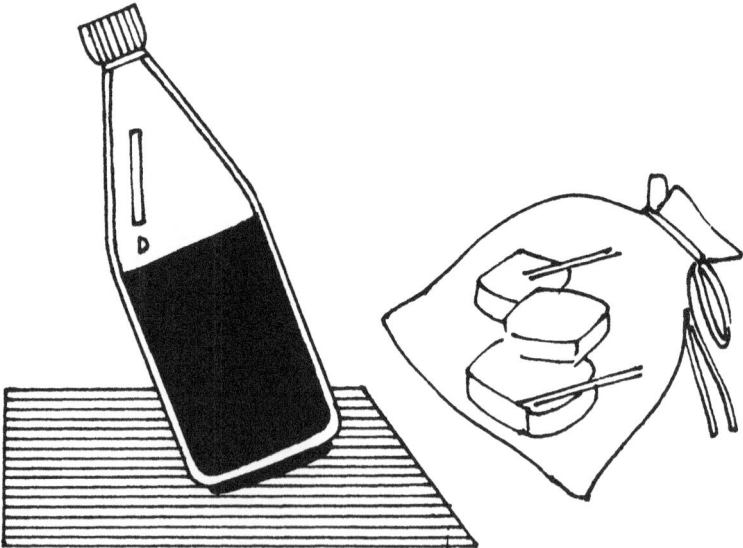

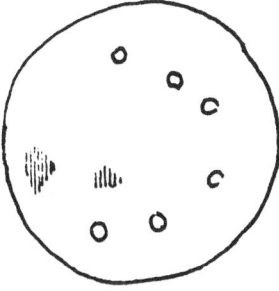

पापड़

❏

यदि पापड़ बना रही हैं, तो उड़द की दाल के साथ एक हिस्सा चावल का आटा और चौथाई हिस्सा मूंग की दाल का आटा मिलाएं, पापड़ खाने में तो स्वाद होंगे ही, बेलने में भी आसानी रहेगी।

❏

यदि आपके पापड़ आपस में चिपक जाते हों और उनमें कीड़े पड़ने की संभावना हो, तो एक बड़े चम्मच देसी घी में आधा चाय का चम्मच पिसी काली मिर्च मिलाकर एक थाली में लेप लीजिए। फिर पापड़ों के ऊपर थोड़ा-थोड़ा मल दीजिए, आपकी दोनों समस्याएं हल हो जाएंगी, न तो पापड़ आपस में चिपकेंगे और न ही उनमें कीड़े पड़ेंगे।

❏

यदि आलू के पापड़ बनाने हों, तो आलू उबालते समय उसमें चुटकी भर खाने वाला सोडा डाल दें, पापड़ खस्ता हो जाएंगे।

❏

पार्टी में बिना मुड़े, सीधे पापड़ सर्व करने के लिए उन पर गर्म प्रैस चलाएं। इससे पापड़ भुन जाएंगे और सीधे भी रहेंगे। उसके बाद उन्हें डिब्बे में बंद करके सर्व करें।

चिप्स

❏

आलू के चिप्स सूखने के बाद सफेद व कुरकुरे बनें इसके लिए उबलते पानी में एक चुटकी मीठा सोडा और एक चम्मच फिटकिरी पाउडर मिलाएं, पानी पर आए झाग को तुरंत हटा दें, चिप्स अधिक समय तक ताजा व कुरकुरे बने रहेंगे।

❏

आलू के चिप्स घिसने के बाद फिटकिरी के पानी से धो लें, तब भी सफेद बने रहेंगे।

❑

ताजे चिप्स तलने हों, तो आलू के चिप्स काटकर नमक के पानी में डालकर जरा-सी हल्दी लगा दें, फिर तौलिये से सुखाकर तल लें।

❑

आलू के चिप्स बनाते समय पानी में एक बड़ा चम्मच घी डाल दें, चिप्स आपस में चिपकेंगे नहीं।

पीसना

❑

मिर्च पीसते समय यदि उसमें जरा-सा नमक डाल दिया जाए, तो वह बारीक और आसानी से पिसेगी।

❑

मिर्च पीसते समय उसमें जरा-सा सरसों का तेल मिला दें। इससे मिर्च का रंग भी गहरा आएगा और उसकी धांस भी नहीं उड़ेगी।

❑

मीट पीसने के बाद ग्राइंडर में ब्रैड का टुकड़ा चला दें, ग्राइंडर साफ हो जाएगा।

❑

चावलों को मिक्सी में पीसने से पहले यदि जरा-सा तवे पर भून लिया जाए, तो वे आसानी से पिसते हैं।

❑

प्रायः फूड प्रोसेसर या ब्लेंडर में सूखा मेवा पीसते समय गीला हो जाता है। इससे बचने के लिए आप मेवा पीसते समय उसमें थोड़ी-सी चीनी या आधा चम्मच मैदा मिला दें, इससे न तो मेवा गीला होगा और न ही उसमें गांठें पड़ेंगी।

प्याज

❑

प्याज का रस आंखों को लगता है क्योंकि इसमें सल्फ्यूरिक ऑयल होता है। इससे बचने के लिए प्याज काटने के पहले एक आलू छीलकर चाकू की नोक पर लगा लें और प्याज काटें यह आलू उसके तेल को सोख लेगा और आपके आंसू नहीं बहेंगे।

❑

अगर प्याज कुछ देर तक एकदम ठंडे पानी में रख दी जाएं, तो काटते समय आंखों से पानी नहीं निकलता।

❑

कटी हुई प्याज दो घंटे के लिए धूप में रख दीजिए। अब इसे भूनने में कम तेल या घी लगेगा और यह शीघ्र सुनहरी हो जाएगी।

❑

प्याज भूनते समय जरा-सा नमक डाल दें, गुलाबी रंग आएगा।

फेंकिए मत

❑

इलायची के छिलकों को पीने वाले पानी में डाल दें, पानी सुगंधित हो जाएगा।

❑

इलायची के छिलकों को पीसकर चीनी में डालकर रखें। एक चम्मच इस चीनी को चाय बनाते समय उबलते पानी में डाल दें, चाय में महक आ जाएगी।

❑

आम का रस निकालकर छिलकों को छांव में सुखा लें। उनको अंगारों पर रखकर धुंआ करें, कीटाणु भाग जाएंगे।

❑

केले के छिलके सुखाकर शाम के समय जलाने से वायुमंडल से दुर्गंध दूर होती है।

35

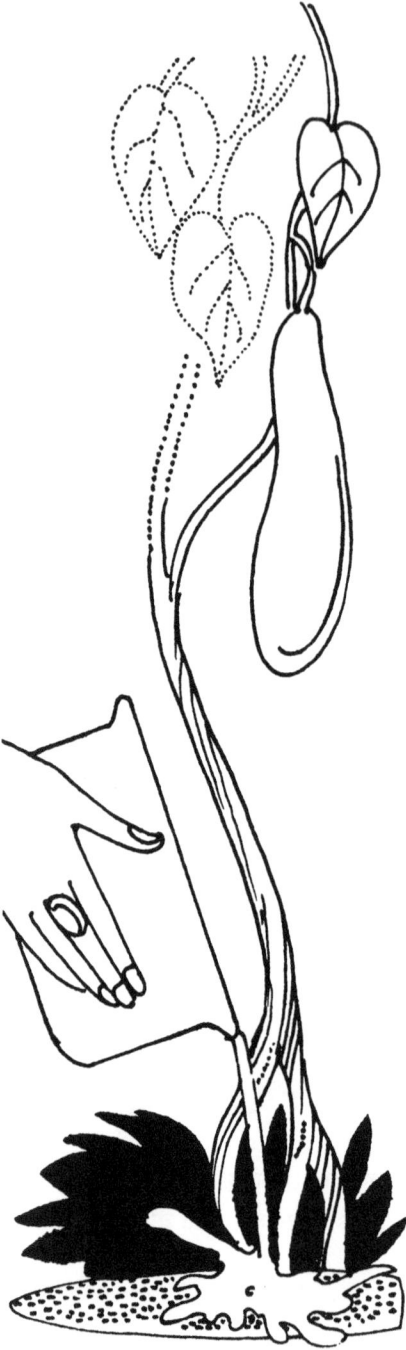

❑

अनार के छिलके फेंकें नहीं, उन्हें सुखाकर चूर्ण बना लें। जब भी पेट में दर्द हो, दूध के साथ उसकी फंकी मार लें।

❑

सब्जियां कसने के बाद निकले पानी को सब्जी या दाल में डालें या फिर आटा गूंधने के प्रयोग में लाएं। अधिक विटामिन इसी रस में होते हैं।

❑

सब्जियों के डंठल बच जाएं, तो उनमें कोई सब्जी मिलाकर उबाल लें। छानकर काली मिर्च, नमक और नीबू डालकर सूप तैयार करें।

❑

चावल धोने के बाद इसके पानी को अपनी गृह-वाटिका में लगी लौकी या अन्य सब्जियों की जड़ में डाल दिया करें, इससे फल अधिक होगा।

❑

चावल का मांड़ मनुष्य, पशु और पौधे इन तीनों के लिए लाभकारी है। इसे पीने से पुरुषों के शरीर में शक्ति बढ़ती है, स्त्रियों का श्वेत प्रदर ठीक होता है और फल वाले पौधों में इसे डालने से फलों की वृद्धि होती है।

❑

चावल उबालने के बाद इस पानी को मत फेंकिए। उसमें नीबू मिलाकर बालों को धोइए, बाल चमकदार और मुलायम हो जाएंगे।

❑

चावल के मांड़ में हींग और जीरे का छौंक लगाएं। उसमें हरी मिर्च और अदरक पीसकर मिलाएं, नीबू निचोड़कर उसका सूप बना लें।

❑

चावल के मांड़ को दाल में मिलाएं, दाल अधिक स्वादिष्ट हो जाएगी।

❑
नीबू-संतरे के छिलके सुखाकर पीस लें। इस चूर्ण से दांत साफकर कुल्ला करने से दांत चमकने लगते हैं।

❑
अनार के छिलकों को पानी में उबाल लें। उससे कुल्ला करें। इससे मुंह की बदबू दूर होती है।

❑
सूखे संतरे का जरा-सा छिलका चाय बनाने वाले पानी में डाल दें, चाय का स्वाद बढ़ जाएगा।

❑
कॉफी छानने के बाद बची कॉफी की छानन को सुखाकर बर्तन साफ करने के काम में लाएं।

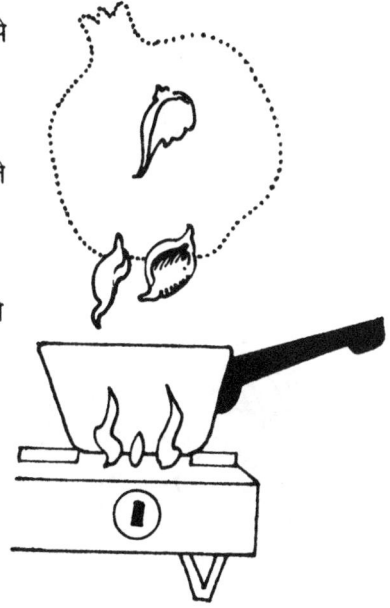

❑
संतरे-नीबू के छिलके पीसकर चेहरे पर लगाने से मुंहासों के दाग-धब्बे दूर हो जाते हैं।

❑
सूखी नारंगी के छिलकों का महीन चूर्ण बेक करने वाली चीज़ पुडिंग में डालकर उसे सुगंधित बनाया जा सकता है।

❑
नीबू के छिलकों को दांत और नाखून पर रगड़ने से उनका कालापन दूर होता है।

❑

चावल के मांड़ को कलफ की तरह उपयोग में लाएं।

❑

रात को चावल बच जाएं, तो उनमें खट्टा दही, सूजी, नमक और थोड़ा गर्म पानी डालकर मिक्सी में पीस लें और गर्मागर्म इडली तैयार करें। यदि चावल अधिक बन गए हों, तो उनमें घी, मूंगफली और हरी मिर्च मिलाकर स्वादिष्ट पुलाव तैयार कर लीजिए।

❑

अगर दाल, सब्जी या चावल अधिक बन गए हैं, तो उनको आटे में नमक-मिर्च, हरा धनिया और हरी मिर्च डालकर अच्छी तरह गूंध लें। अब पूरियां या परांठे बनाएं।

❑

इमली का रस निचोड़ने के बाद छूछ फेंकें नहीं। उसे तवे पर रगड़कर कुछ देर तवा रखा रहने दें, वह साफ हो जाएगा।

❑

अचार के तेल से मिस्सा परांठा सेंकिए।

❑

अचार के मसाले को हरी मिर्च में भरकर ताजे अचार की तरह प्रयोग में लाएं।

❑

आम के अचार का मसाला परांठे में भरें। अब परांठे के साथ आपको अलग से अचार की जरूरत नहीं।

❑

भिंडी, करेला और बैंगन बनाते समय इनमें आम के अचार का मसाला भरें।

❑

नीबू के अचार का मसाला दाल में डालें।

38

❑

नीबू का सूखा अचार महीन कर शीशी में भरकर रखें। चूरन के स्थान पर इसका प्रयोग करें।

❑

कोई भी अचार खत्म होने पर मसाले के हिसाब से हरी मिर्च को धो-पोंछकर कैंची से लंबे टुकड़ों में काट लें। इसमें बचे मसाले को मिलाएं। थोड़ा-सा तेल यदि आवश्यकता हो, तो डाल दें। एक दिन धूप में रखें। सोडियम बैन्जोएट डालना चाहें तो वह भी डाल दें, नया अचार तैयार हो जाएगा।

❑

प्याज का अचार खत्म होने पर बचे हुए सिरके में प्याज के टुकड़े काटकर डाल दीजिए। दो-चार दिन में स्वादिष्ट अचार तैयार हो जाएगा।

❑

बची हुई दाल पौधों के लिए उत्तम खाद है।

❑

आटे की भूसी फेंकें नहीं, हलवा बनाते समय उसे भूनकर हलवे में मिलाएं। इससे हलवा अधिक खिला-खिला बनेगा, साथ ही पौष्टिक भी।

❑

आटे की भूसी को घोलकर हींग-जीरे में छौंक लें फिर उसमें जरा-सा खाना सोडा डालकर खदका लें। कलछी से पॉलिथिन पर डालकर पापड़ बनाएं, धूप में सुखा लें और तलकर खाएं।

❑

सूखी डबलरोटी के किनारे कूटकर रख लीजिए। उन्हें कटलेट पर लपेटिए और रसेदार सब्जी में मिलाइए, रस गाढ़ा होगा। उनमें दही डालकर ढोकला बनाइए। डबलरोटी के टुकड़े तलकर सूप में मिलाइए।

❑

बासी रोटियों को फ्रिज में रखकर बाद में पानी का छींटा देकर गर्म करने से वे एकदम ताजी हो जाती हैं।

❑

दूध का पनीर बनाने के बाद इसका बचा पानी बच्चों को चीनी मिलाकर पिलाएं या इसमें हींग-जीरे का छौंक लगाकर नीबू निचोड़कर सूप बनाएं। यह पौष्टिकता से भरपूर है।

❑

पनीर के पानी से रोटी या परांठे का आटा गूंधिए, मुलायम बनेगा। इससे मठरी का आटा गूंधिए, मोयन कम लगेगा।

❑

उबली चाय की पत्तियां गुलाब व अन्य पौधों के लिए अच्छी खाद हैं।

❑

उबली चाय की पत्तियों के पानी से सिर धोया जा सकता है।

❑

उबली चाय की पत्तियों को सुखाकर कमरे में धूनी दें, मच्छर-मक्खी भाग जाएंगे।

❑

बनी हुई कॉफी बचने पर फेंकिए नहीं। ट्रे में डालकर उसकी क्यूब जमा लें। दोबारा कोल्ड कॉफी बनाते समय सादे बर्फ के स्थान पर इन्हीं आइसक्यूब को डालें।

❑

बिस्कुट के बचे चूरे में ठंडा दूध और जरा-सी शक्कर मिलाकर मिक्सी में चला दें, बच्चों के लिए बिस्कुट-मिल्क शेक तैयार है। नमकीन बिस्कुट के चूरे को कटलेट बनाने के और मीठे बिस्कुट के चूरे को पुडिंग बनाने के प्रयोग में लाएं।

❑

अधिक पके केले को पहले मसल लें फिर उसमें एक नीबू का रस मिलाकर फ्रिज में रख दें। इसे केक या पुडिंग में इस्तेमाल करें।

❑

जैम की बोतल खाली होने पर भी उसमें थोड़ा-बहुत जैम चिपका रह जाता है, उसमें दूध डालिए और हिलाइए, मजेदार शेक तैयार है।

❑

दूध के भगोने को धोने से पहले उसे जरा-से आटे से साफ कर लें। आटे को फ्रिज में रख दें। दूध सने उस आटे को गूंधते समय काम में लें या फिर उस भगोने में ही आटा गूंधें। इस आटे के परांठे और पूरियां मुलायम बनेंगे और ऐसा लगेगा मानो आटे में मोयन डाला हुआ है।

❑

सूखी डबलरोटी को दूध या पानी में भिगोकर, उबले आलुओं के साथ मसलकर टिक्की या कटलेट आदि बनाइए। सूखी ब्रैड तो अनेक प्रकार से काम में ली जा सकती है। अधिक बच गई हो, तो ब्रैड का चिवड़ा आदि भी बनाया जा सकता है।

❑

हलवे के लिए गाजर उबालने के बाद, निचोड़ने से निकला पानी क्लींजर के रूप में इस्तेमाल किया जा सकता है।

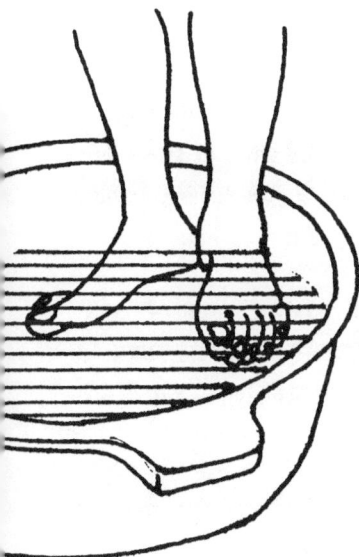

❑

फटे दूध को फेंकना नहीं चाहिए। उस दूध में पकौड़ों के लिए बेसन घोलें, बहुत बढ़िया क्रिस्प पकौड़े बनेंगे।

❑

दूध पाउडर यदि पुराना हो गया है, तो उसे प्लास्टिक के टब में डालकर थोड़े-से पानी में घोल लें। अब टब में पांव डालकर बैठ जाएं। आधा घंटे बाद पैर पौंछ लें, मैल साफ हो जाएगी, पैर भी मुलायम हो जाएंगे।

❑

अक्सर कड़ाही में थोड़ा तेल बच जाता है, उस तेल में थोड़ा पानी डालकर उसे लकड़ी के फर्नीचर पर लगा दीजिए, चमक आ जाएगी।

41

❑
गाजर के ऊपरी हिस्सों को पानी में डालकर रखने से इनमें बड़ी मुलायम पत्तियां निकल आती हैं। इन्हें पुष्प-सज्जा करते समय काम में लाएं।

❑
मशरूम की डंडियों को धोकर, बारीक काटकर सूप व सॉस में इस्तेमाल कीजिए।

❑
पालक की मोटी-मोटी डंडियां या डंठल फेंकिए मत। इन्हें छोटे टुकड़ों में काटिए और इनकी सब्जी बनाइए।

❑
कड़े बीजों वाली सेम जब सब्जी में इस्तेमाल करने योग्य न रहे, तो उसका जायकेदार सूप बनाइए। इसे पानी में पकाकर छानिए फिर इसका रेशा निकाल दीजिए।

❑
चुकंदर और शलजम के छोटे मुलायम पत्तों का पालक की ही तरह साग बनाइए।

❑
ठंडाई पीसने के बाद बचे हुए छने मसाले को फेंकें नहीं। उसमें हरा धनिया मिलाकर उसे पीस लें, स्वादिष्ट चटनी बनेगी।

❑
फीका या अधिक पका पपीता मसलकर कढ़ाई में घी गरम करके गुलाबी होने तक भूनें। उसमें शक्कर और छोटी इलायची के दाने पीसकर मिलाएं, स्वादिष्ट हलवा तैयार है।

❑
बचे उबले चावलों को मिर्च, नमक और जीरा मिलाकर महीन पीस लें। छोटे-छोटे पापड़ या कचरी बनाकर धूप में सुखा लें, तलकर चाय के साथ खाएं।

❑
यदि उबले चावल बचें, तो उन्हें ऐसे ही धूप में सुखाकर, तलकर खाएं।

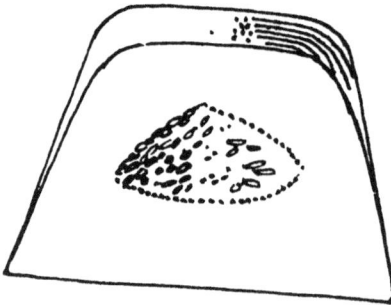

42

❑

नीबू के छिलकों से पीतल के बर्तन साफ करने से नई-सी चमक आ जाती है।

❑

संतरे के छिलके सुखाकर बारीक चूर्ण बना लें।इसमें नारियल का तेल व थोड़ा-सा गुलाबजल मिलाकर चेहरे पर लगाएं, त्वचा कोमल बनी रहेगी।

❑

लौकी के ताजा छिलके चेहरे पर रगड़ने से चेहरा चमक उठता है।

❑

करेले के छिलके सुखाकर उन्हें मैदे, दाल व बेसन के डिब्बों में रखें, कीड़े नहीं लगेंगे।

❑

आलुओं को छीलने से पहले अच्छी तरह धो लें। फिर उनके छिलकों को तलकर कुरकुरा बनाकर प्रयोग करें या एक ट्रे में थोड़ा-सा तेल डालकर उसमें छिलके डाल दें तथा गर्म होने पर ओवन में कुरकुरा होने तक सेंकें।

❑

आलू के छिलकों से दर्पण साफ कीजिए, चमक उठेगा।

❑

नीबू के रस को निकालने के बाद छिलकों को धूप में सुखा दें। इन्हें कपड़े की अलमारी में जहां-तहां फैलाकर रख दें, इससे कीड़े भाग जाते हैं।

❑

आलू और परवल के छिलके सुखाकर, तलकर और नमक-मिर्च लगाकर खाइए। ये स्वादिष्ट एवं पौष्टिक होते हैं।

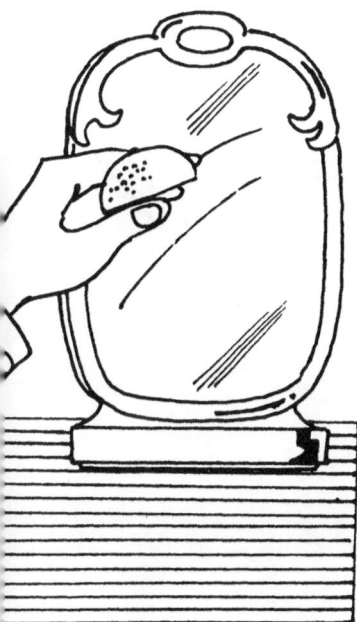

43

मलाई, मक्खन

❑

मक्खन निकालने के लिए मलाई फेंटते समय एक चम्मच चीनी पीसकर मलाई में मिला दें, मक्खन ज्यादा निकलेगा।

❑

मक्खन चलाने से पहले जार को यदि गर्म पानी में डुबो लिया जाए, तो मक्खन जार में चिपकेगा नहीं।

❑

मट्ठे में से मक्खन अलग करने से पहले हाथ रीठे के पाउडर से धो लें, जरा-सा भी मक्खन हाथ में नहीं चिपकेगा। मलाई या मक्खन में से घी निकालने के बाद जो छेना बच जाता है, उसमें दूध और चीनी डालकर उबालें। जब वह घी छोड़ने लगे, तो उसमें नारियल का चूरा मिलाकर किसी थाली में फैला दें, स्वादिष्ट बरफी तैयार है।

❑

मलाई में से घी निकालने के बाद जो सामग्री बचती है, उसमें थोड़ा-सा आटा गूंधकर मोटी-मोटी रोटियां बना लें। रोटियों को मिक्सी में बारीक पीसकर फिर से दो चम्मच घी में भून लें। पिसी चीनी और सूखे मेवे मिलाकर उसे उतार लें, अब उसके लड्डू बांध लें। लीजिए, चूरमे के लड्डू तैयार हैं।

❑

मलाई अधिक निकले इसके लिए धीमी आंच पर दूध उबालिए।

मछली

❑

साफ करते समय यदि मछली हाथ से फिसल रही हो, तो किसी अखबार या कागज से उसे पहले पोंछ लें, जिससे उसका पानी सूख जाए।

❑

मछली काटते समय यदि हाथ में नमक लगा लें, तो मछली काटना आसान हो जाएगा।

❑

मछली के शल्क निकालने हों, तो दस मिनट पहले अच्छी तरह पूरी मछली पर सिरका लगाएं, इससे शल्क काफी आसानी से निकल आते हैं।

❑

मछली तलते समय यदि मछली के साथ आलू के लंबे-लंबे टुकड़े काटकर डालें, तो दुर्गंध नहीं आएगी।

मिष्ठान्न

❑

खीर को स्वादिष्ट और गाढ़ी करने के लिए उसमें उबलते समय कुछ दाने खसखस के डालें, थोड़ा जायफल पीसकर मिला देने से भी यह स्वादिष्ट हो जाती है।

❑

गजक बनाते समय उसमें एक-दो बूंद तरल ग्लूकोस मिला दें। इससे गजक चमकदार और करारी बनती है।

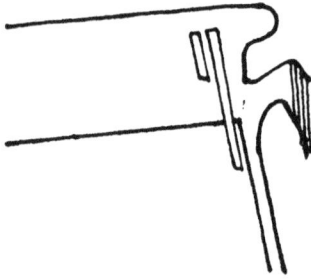

❑

दूध के किसी पकवान में स्वाद के लिए नीबू अथवा किसी खट्टे फल का रस डालना हो, तो उसे बूंद-बूंद कर डालें, इससे दूध फटने का भय नहीं रहेगा।

❑

चाशनी बढ़िया तैयार करनी है, तो कड़ाही को जरा-सा चिकना कर लें।

❑

गिरी की बरफी मे दो-तीन बूंद नीबू डालें, वह सफेद रहेगी।

❑

बरफी किसी भी तरह की बनानी हो, तो पहले एक हिस्सा चाशनी थोड़ी देर उबलते ही अलग निकाल दें, शेष चाशनी में बरफी का मिश्रण डालने के बाद उसमें फिर धीरे-धीरे निकाली हुई चाशनी डालें। इस तरह जमाई हुई बरफी न नर्म होगी और न ही सख्त।

❑

सेवईं बनाते समय दूध में यदि 1-2 बूंदें नीबू का रस डाल दिया जाये, तो सेवईं का स्वाद बढ़ जाता है।

❑

दही की लस्सी बनाते समय पानी के स्थान पर दूध का प्रयोग करें तथा उसमें जरा-सा कोई शर्बत भी डालें, फिर लस्सी पीकर देखें।

❑

लाई-तिल आदि के लड्डू या बरफी बनाते समय गुड़ की चाशनी में एक चम्मच घी डाल देने से चाशनी बर्तन में चिपकती नहीं है। वस्तु भी आसानी से बन जाती है।

❑

अगर आप चाहती हैं कि आपके गुलाबजामुन सख्त न हों, तो खोए में थोड़ी शक्कर मिला दें। आप जब गुलाबजामुन तलेंगी, तो शक्कर पिघलने से गुलाब जामुन नर्म बनेंगे।

❏

गुलाबजामुन मुलायम नहीं बनते हैं, तो उन्हें चाशनी सहित प्रेशर कुकर में बंद करके जरा-सा गर्म कर दें।

❏

आमतौर पर सर्दियों में जब हम गुलाबजामुन बनाते हैं, तो चाशनी में पड़ने के बाद ठंडा होने पर गुलाबजामुनों पर घी की एक पर्त जम जाती है। यह घी की पर्त न जमे इसके लिए गुलाबजामुन तलते समय कड़ाही में घी के साथ-साथ दो चम्मच रिफाइंड भी डाल दें, इससे घी की पर्त भी नहीं जमेगी तथा गुलाबजामुनों की ताजगी भी बनी रहेगी।

हलवा

❏

किसी भी वस्तु का हलवा बनाते समय उसके आधा भुन जाने के बाद उसमें थोड़े-से गर्म पानी का छींटा लगाएं, फिर पूरा भूनें। हलवे का रंग अच्छा आएगा।

❏

सूजी का हलवा बनाते समय पानी के स्थान पर दूध डालें, हलवा ज्यादा स्वादिष्ट बनेगा। यदि आप सूजी के हलवे को सुनहरे रंग का बनाना चाहती हैं, तो सूजी को भूनने के बाद उसमें चीनी की गर्म चाशनी डालें, चीनी व ठंडा पानी कभी भी नहीं।

❏

सूजी का हलवा बनाते समय यदि लगे कि सूजी ज्यादा भुन गई है, तो उसमें एक चम्मच बेसन डाल दें, हलवा सुनहरी बनेगा।

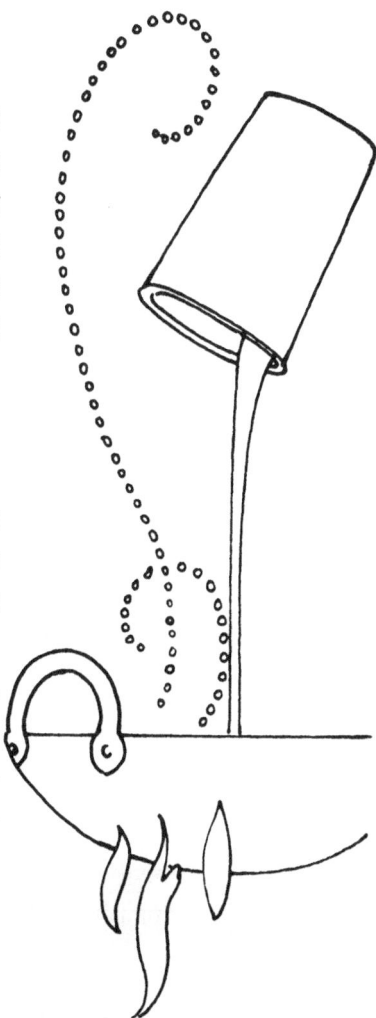

सब्जी बनाने से पहले

❏

फूलगोभी में यदि कीड़े लगे हों, तो गोभी काटकर एक छोटा चम्मच नमक लगाकर पांच मिनट के लिए उसे रखकर छोड़ दें। बनाने से पहले उस कटी हुई गोभी को अच्छी तरह से धो लें, सारे कीड़े पानी के ऊपर आ जाएंगे।

❏

फूलगोभी या अन्य किसी सब्जी से कीड़े हटाने के लिए उसे सिरका मिले पानी में कुछ देर डुबोकर रखें। फूलगोभी बनाते समय उसमें थोड़ा-सा अदरक काटकर डालें, इससे फूलगोभी की खास गंध दूर हो जाएगी।

❏

फूलगोभी की एक पत्ती पकाते में डालें, गोभी का रंग सफेद बना रहेगा।

❏

पत्तागोभी पकाते समय उसमें दो चम्मच दूध डालें, पत्तागोभी का रंग पकने के बाद भी सफेद रहेगा।

❏

आलू उबालते समय यदि एक चम्मच सिरका उनमें डाल दिया जाए, तो आलू सफेद रहते हैं।

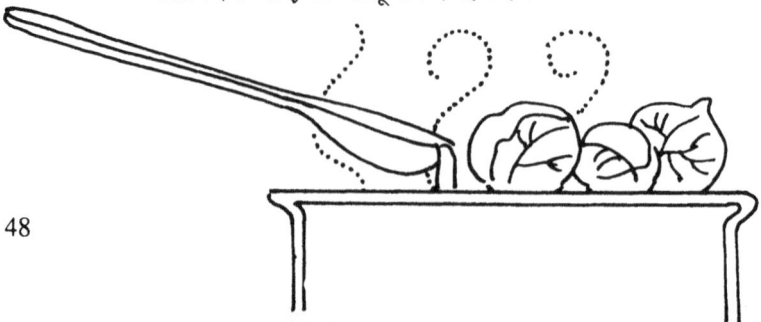

❏

पत्तागोभी पकाते समय यदि उसमें दो-चार बूंद नीबू का रस डाल दिया जाये, तो उसका रंग सफेद होता है।

❏

हरी सब्जी का रंग बरकरार रखने के लिए उसमें दो बूंद नीबू की डालें।

❏

सोडा डालकर हरी सब्जी न बनाएं, इससे सब्जी के विटामिन नष्ट हो जाते हैं। सब्जी को पानी में उबाल आते ही छानकर निकाल लें और परोसने से पहले ताजा ही तैयार करें।

❏

भिंडी में लस न उठे, इसके लिए भिंडी काटने के बाद उसमें नीबू निचोड़ दें, भिंडी कुरकुरी बनेगी।

❏

हरी सब्जी कड़ाही में बनाते समय तेल में थोड़ा-सा नमक डाल दें, इससे एक तो सब्जी काली नहीं पड़ेगी और दूसरे इसकी पौष्टिकता भी बढ़ेगी।

❏

पालक, सरसों, मेथी व सोया आदि के सागों को सुगंधित बनाए रखने के लिए इन्हें अलग-अलग रखें।

❏

जिमीकंद के टुकड़ों को उबालते समय उसमें आवश्यकतानुसार हरड़े पीसकर डाल दें, इससे खाते समय सब्जी मुंह में नहीं लगेगी।

❏

हर मसाले में अदरक को मुख्य करके पीसिए, वह लगेगा नहीं।

❏

हींग को थोड़े-से अदरक के रस में भिगो दें, फिर इसे सब्जी में डालें। इससे प्याज का स्वाद आएगा।

49

❑ तुरई कड़वी हों, तो उसका पीछे का डंठल काटकर सब्जी में डाल दें, सब्जी की कड़वाहट खत्म हो जाएगी।

❑ शलगम की सब्जी बनाते समय अगर शलगम के टुकड़ों को थोड़े-से घी या तेल में तल लिया जाए और उसमें दो-तीन पालक के पत्ते डाल दिए जाएं, तो शलगम की करछाहट खत्म हो जाती है।

❑ बैंगन काले न पड़ें, इसके लिए उन्हें सोडा व नमक मिले पानी में काटकर डालें।

❑ रतालू का लाल रंग पकते ही खत्म हो जाता है। जरा-सी अदरक डालिए, रंग बना रहेगा।

❑ केले के चिप्स बनाने के लिए पहले केलों को पानी में डाल दें। उस पानी में एक चम्मच दही डाल दें। फिर पांच मिनट बाद निकालकर केलों को काटें, चिप्स काले नहीं पड़ेंगे।

❑ करेले की कड़वाहट अधिक-से-अधिक कम करने के लिए उन्हें चीरकर चावल धोने के बाद बचे पानी में आधा घंटा भीगने दें।

❑ करेले छीलिए और फिर बिना काटे उन्हें अच्छी तरह धो लीजिए। तेल गर्म करिए, एक-एक करके करेले काटिए। नमक छिड़किए और उन्हें तल लीजिए। इस तरह पकाने से कड़वाहट कम रहती है।

❏

भरवां करेले बनाते समय मसाले में थोड़ा-सा गुड़ डाल देने से करेले कम कड़वे और स्वादिष्ट बनते हैं।

❏

मूली काटकर नमक मिले पानी में डालिए, तो उसमें से चिरचिरापन खत्म हो जाएगा।

संरक्षण

❏

जब बहुत गर्मी पड़ती है, तो नीबू एक-दो दिन में सूखने लगता है। सूखने से बचाने के लिए उसे नमक के ढेर में रखें या जलती मोमबत्ती से उसके ऊपर मोम चढ़ा लें, इस तरह नीबू काफी दिनों तक खराब नहीं होगा।

❏

नीबू ताजा बना रहे इसके लिए उसे नमक लगाकर किसी बर्तन में रखें।

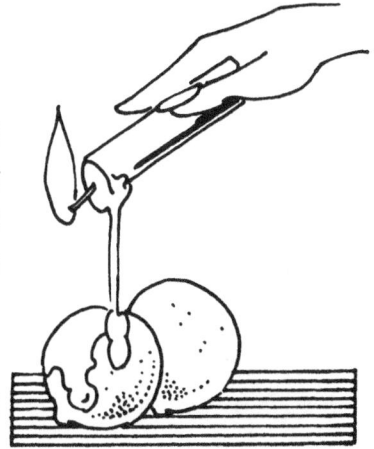

❏

नीबू ताजा रखने के लिए उसे ठंडे पानी के जग में रखिए और प्रतिदिन पानी बदल दीजिए।

❏

नीबू के रस को रखने के लिए पहले उसे मलमल के कपड़े में छान लें। फिर साफ बोतल में भरकर उसमें दो एस्प्रीन की गोलियां डाल दें और बोतल का मुंह कसकर बंद कर दें।

❏

भिंडी ताजा बनी रहे, इसके लिए उसके दोनों छोर काट कर प्लास्टिक की थैली में फ्रिज में रखें, इसी तरह भिंडी के चिप्स भी काटकर रखे जा सकते हैं।

❏

गाजरों को अधिक दिनों तक ताजा रखने के लिए, आप इन्हें कागज के नैपकिन में लपेटकर रखें। फिर इन्हें एक प्लास्टिक की थैली में डालकर मुंह को सिलें तथा फ्रिज में रखें।

❏

अदरक ताजा बनी रहे, इसके लिए उसे बालू भरे बर्तन में रखें। समय-समय पर उस पर पानी छिड़कते रहें।

❏

इमली को ताजा रखने के लिए पहले उसके ऊपर नमक मिला पानी डाल दें, फिर उसे धूप में सुखा लें।

❏

हरी मिर्च को हल्का-सा कुचल कर उसमें हल्दी-नमक लगाकर सुखा लें और हवा बंद डिब्बे में रख दें, यह काफी दिन तक सुरक्षित रहेगी।

❏

लहसुन यदि कई दिन रखना हो, तो पहले उसे छीलकर प्लास्टिक बैग में रख लें फिर फ्रिज में रख दें।

❏

लहसुन अगर सूख गया हो, तो उसे हल्का-सा भूनकर पीस लें, फिर सूखे मसाले की तरह काम में लें।

❑

कटी सब्जी काली न पड़े इसके लिए कटी सब्जी उबलते पानी में तीन सेकंड के लिए डालकर छान लें। पानी सुखाकर पॉलिथिन की थैली में भर दें व फ्रिज में रख दें।

❑

गर्मियों में सब्जी ताजा रखने के लिए पुराने घड़े को पानी भरी बाल्टी के ऊपर रखकर उसमें सब्जी रख दें, कम-से-कम तीन-चार दिन तक ताजा सब्जी मिलती रहेगी।

❑

कच्चे आलू लहसुन के साथ रखिए, अधिक दिन तक ताजा रहेंगे।

❑

कच्चे आम नमक के पानी में रखिए, खराब नहीं होंगे।

❑

हरे नारियल के टुकड़ों में नमक लगाकर रखिए, अधिक दिन तक ताजा रहेंगे।

❑

ताजा नारियल घिसकर, नमक लगाकर फ्रिज में रख लें, एक तो यह काफी दिन तक खराब नहीं होता दूसरे उपयोग में भी आसान रहता है।

❑

सलाद के पत्तों को कड़ा और ताजा रखने के लिए उन्हें ठंडे पानी में रखकर उनमें कच्चे आलू के टुकड़े डाल दें। यदि पालक भी कड़ा करना हो, तो इसी तरह करें।

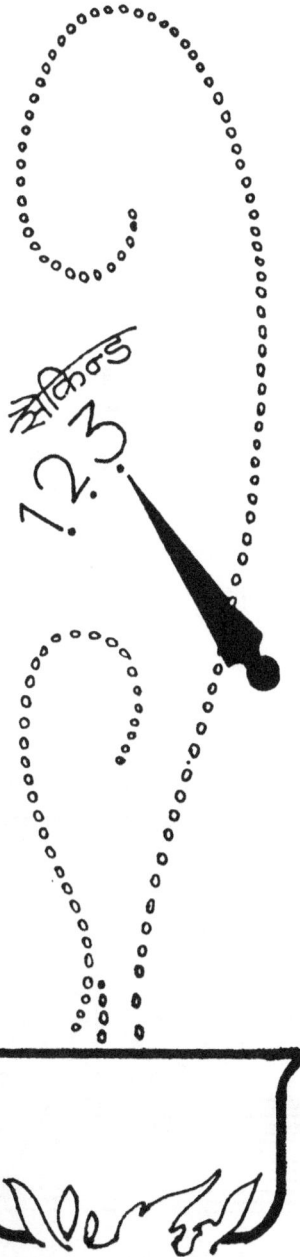

❑

पुदीने की ताजी डंठलों को यदि बहुत दिन तक रखकर इस्तेमाल करना हो, तो ताजी डंडियों को ऊपर (पत्ती वाले सिरे से) लगभग तीन इंच की लंबाई में काटकर एक प्लेट में रख लें। अब इस प्लेट को फ्रीजर में रख दें। जब ये पुदीने के डंठल जम जाएं, तो सावधानी से इन्हें किसी प्लास्टिक बैग में रख दें। अब फ्रीजर के अंदर इन्हें किनारे पर रख दें ताकि ये दबें नहीं। जब चाहिए, इन टुकड़ों को पानी में पत्तियां तोड़ लें।

❑

पुदीने की ताजा पत्तियां यदि तोड़कर डिब्बे में बंद रख दें, तो कई दिनों तक वे हरी बनी रहती हैं।

❑

अगर धनिए की पत्तियां मुरझाई-सी हों, तो जड़ काटकर उसकी डंडियां उबले पानी में रखें, दो घंटे में बिल्कुल ताजा हो जाएंगी।

❑

हरे धनिए की पत्तियों को रूमाल में लपेटकर स्टील के डिब्बे में बंद कर यदि फ्रिज में रख दें, तो ये कम-से-कम पंद्रह दिन तक खराब नहीं होंगी।

❑

पालक को साफ करके उसे फ्रिज में रख दें, जब बनाना हो तब निकालें, पांच-छह दिन तक यह एकदम ताजा पालक जैसा लगेगा।

❑

मीठे नीम की पत्ती शीशे के जार में बंद करके रखें, कई दिनों तक खराब नहीं होंगी।

❑

पके केले यदि लटका कर रखें, तो कई दिनों तक खराब नहीं होंगे।

❑

केलों को शीशे के जार में बंद करके फ्रिज में रखें, इससे केले अधिक दिनों तक ताजा रहेंगे। इनका छिलका भी काला नहीं पड़ेगा।

❑

केलों को नरम मलमल के कपड़े में लपेटकर फ्रिज में रखने से इनमें दाग नहीं पड़ेंगे और ये अधिक दिन तक ताजा भी रहेंगे।

❑

पैकेट बंद फ्रांस बीन को यदि दो चम्मच सिरके और एक चम्मच अल्कोहल मिश्रित पानी में रखकर कुछ समय बाद निकाल लिया जाए, तो उसका स्वाद बिल्कुल ताजी फ्रांस बीन जैसा हो जाएगा।

❑

सेम की कोपलों को पानी के कटोरे में नीबू की कुछ फांकों के साथ फ्रिज में रखने से कोंपलें अधिक समय तक टिकती हैं, पानी प्रतिदिन बदल देना चाहिए।

❑

आप साल भर के लिए पिसी हल्दी डिब्बे में भर रही हैं, तो उसमें पांच-छह साबुत लाल मिर्च भी रख दें, हल्दी खराब नहीं होगी।

❑

साबुत हल्दी की गांठ को पीसने से पहले लगभग बारह घंटे तक छाछ में भिगोकर रखें, तत्पश्चात् कड़ी धूप में रखें। कड़ाही में एक चम्मच सरसों का तेल गर्म करके गांठों को हल्का भून लें। उसके बाद पीसकर उसका प्रयोग करें। इससे हल्दी में कभी कीड़ा नहीं लगेगा और सब्जी का रंग भी अच्छा आएगा।

❑
गेहूं में मेथी की पत्तियां सुखाकर, मिलाकर रखी जाएं, तो गेहूं लंबे समय तक सुरक्षित रहता है।

❑
अरहर की दाल में दो-तीन बूंद तेल डाल लें। फिर उसे मसल लें और रख दें। इस तरह दाल में एक तो कीड़ा नहीं लगेगा दूसरे वह गलेगी भी जल्दी।

❑
अरहर की दाल के साथ नारियल का छिलका रखिए, खराब नहीं होगी।

❑
साबुत दालें यदि साबुत नमक के साथ रखी जाएं, तो उनमें कीड़े नहीं लगते।

❑
नये चावल को यदि अरंडी के तेल में जरा-सा मलकर रख दें, तो उसमें कभी कीड़े नहीं पड़ेंगे। जब चावल चार-पांच महीने बाद पुराने हो जाएं, तो उन्हें गर्म पानी में धोंकर बनाएं, चावल खिले-खिले बनेंगे!

❑
पारे की गोलियों और चिकनी मिट्टी की पानी में डालकर गोलियां बनाएं। फिर उन्हें सुखा लें। उन गोलियों को किसी भी सूखी खाद्य सामग्री में रखने पर साम्रगी कभी खराब नहीं होगी।

❑
सूजी और मैदा प्लास्टिक की थैलियों या डिब्बों में बंद कर फ्रिज में रखें, कीड़े नहीं लगेंगे।

❑
सूजी को पहले कड़ाही में हलका भून लें। ठंडा होने पर डिब्बे में बंद कर रखें, कीड़ा नहीं लगेगा।

❑

आलू के चिप्स यदि मीठे नीम के सूखे पत्तों के साथ रखें, तो उनका कुरकुरापन खत्म नहीं होगा।

❑

बरसात के दिनों में नमकीन या बिस्कुट आदि के पैकेट यदि खोले जाएं, तो थोड़ी देर बाद उनका कुरकुरापन खत्म हो जाता है। खुले हुए बिस्कुट-नमकीन आदि के पैकेट व तले हुए चिप्स-पापड़ आ़दि फ्रिज में रख दें, वे वैसे ही कुरकुरे बने रहते हैं।

❑

यदि घर में फ्रिज न हो, तो अंडों को चूना मिले पानी में डुबोकर रख दें। पानी में चूने की मात्रा कम हो। 15-20 दिन तक ये अंडे खराब नहीं होंगे।

❑

अंडों का पीला भाग कई दिन तक ताजा बना रहे इसके लिए उसे किसी बर्तन में रखकर उस पर ठंडा पानी डाल दें, फिर उसे फ्रिजर में रख दें।

❑

गर्मियों में शुद्ध घी में नीबू की पत्ती डालकर गर्म करने से वह साफ और ताजा बना रहता है।

❑

घर के घी को बनाते समय यदि उसमें थोड़े मेथी के दाने डाल दिये जाएं, तो वह घी खराब नहीं होता। उसमें एक डली सेंधा नमक डालकर रख दें इससे भी घी खराब नहीं होगा। घी या तेल में पुरानेपन की मह्क मिटाने के लिए कुछ लौंग डालें।

जब आप चीज़ के टिन खाली करें, तो उनमें आप धनिये के पत्ते कई दिनों तक ताजे रख सकती हैं। धनिये के पत्तों को बारीक-बारीक काटकर डिब्बे में रखें फिर उस पर ढक्कन लगाकर फ्रिज में रख दें।

फ्रिज में चीज़ रखते समय उसके डिब्बे में चीनी के दाने डाल दीजिए, इससे न तो चीज़ सूखेगा और न ही वह कड़ा होगा।

बादाम-काजू आदि में लौंग रखकर देखिए, कीड़ा नहीं लगेगा।

मेवा फ्रिज में रखिए, जरा भी खराब नहीं होगा, उसका स्वाद भी नहीं बदलेगा।

जिस डिब्बे में बादाम रखे जाएं, उसमें यदि तीन चम्मच शक्कर डाल दी जाए, तो बादाम सालों-साल खराब नहीं होंगे।

जैम और जैलियां कुछ ही दिन में बेस्वाद लगने लगती हैं, इन्हें अधिक दिनों तक सुरक्षित रखने के लिए बोतलों में भरने के बाद ऊपर चपड़े की एक पर्त जमाकर ढक्कन लगा दें, जैम व जैली वर्ष भर सुरक्षित रहेगी।

बर्तन

❑

खारे पानी के प्रयोग से बर्तनों पर सफेद धब्बे बन जाते हैं, जो साबुन से नहीं छूटते। इन धब्बों को सिरके में नमक मिलाकर साफ किया जा सकता है। सिरके व नमक के घोल को कुछ देर इन धब्बों पर लगा रहने दें, फिर रगड़कर धो दें।

❑

रोटी बनाने के बाद तवे पर थोड़ा नीबू लगा देने से तवा साफ हो जाता है।

❑

चीनी या स्टील के बर्तनों में चाय या किसी अन्य प्रकार का दाग पड़ जाने पर वाशिंग पाउडर में चुटकी भर नमक डालकर बर्तन मलें, दाग साफ हो जाएगा।

❑

प्रेशर कुकर यदि अंदर से काला पड़ जाए, तो खाना पकाने के बाद उसकी तली में नीबू के दो-तीन छिलके डालें और पानी डालकर उबाल दें, कुकर दाग-रहित हो जाएगा।

❑

हल्के बर्तन गैस पर जल जाते हैं, इन्हें रातभर मिट्टी में दबा दें और सुबह रेती मिली राख से साफ कर दें।

❑

यदि घी बनाते हुए बर्तन जल गया हो, तो उसमें नमक और पानी डालकर गर्म करें, बर्तन साफ करने में आसानी होगी।

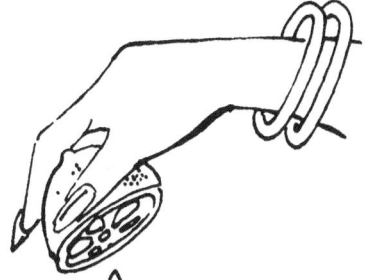

❑

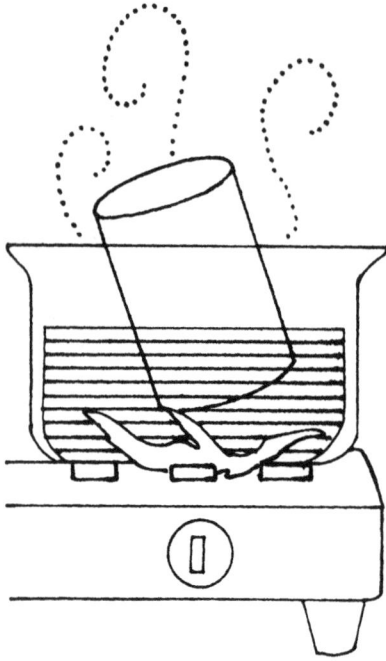

दूध का बर्तन जल गया हो, तो उसे खुरचकर न निकालें। बड़े बर्तन में पानी डालकर जला बर्तन औंधा करके गैस पर रखें। जब पानी खौलने लगे तो गैस बंद कर दें। थोड़ी देर बाद ऊपर का बर्तन निकाल कर साफ करें।

❑

स्टील के छूरी-कांटे को साफ करके उस पर ऑलिव ऑयल चुपड़ दें।

❑

जो बर्तन यदा-कदा ही काम में आते हैं, उन्हें ग्रीस चुपड़कर ढककर रखें।

❑

राख और सूखा वाशिंग पाउडर मिलाएं। इसे रगड़ने से बर्तन चमक जाते हैं।

❑

जले बर्तन को साफ करने के लिए उस बर्तन में एक प्याज काटकर, पानी डालकर उबालिए, बर्तन आसानी से साफ हो जाएगा। अगर प्याज के काफी छिलके हों, तो उनका भी उपयोग किया जा सकता है।

❑

जले बर्तन को एल्यूमिनियम फॉयल से साफ करें, वैसे भी उपयोग की हुई एल्यूमिनियम फॉयल बर्तन साफ करने के लिए उपयोगी है।

❑

बहुत अधिक चिकने बर्तन केले के छिलके के अंदर वाले भाग से रगड़ें।

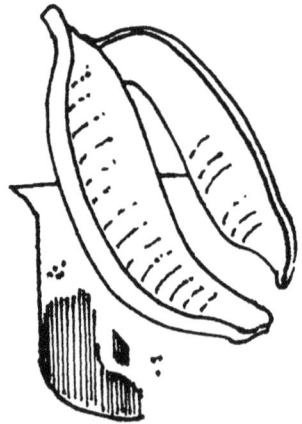

❑

चिकने तेल के डिब्बों को रीठा पाउडर और खट्टे दही को जरा-सा मिलाकर अच्छी तरह से हिलाकर साफ करें। यह क्रिया दो बार दोहराएं, इससे डिब्बे की चिकनाई और बदबू भी साफ हो जाएगी।

❑

कुकर के अंदर की कालिख को हटाने के लिए पानी में थोड़ा-सा सिरका मिलाकर उसे उबालें।

❑

चीनी, कांच या धातु के बर्तन आपस में फंस गए हों, तो मिले भाग पर गुनगुनी ग्लीसरीन डालें और हल्के हाथ से उन्हें अलग-अलग कर लें।

❑

यदि दो गिलास आपस में फंस गए हों, तो उन्हें रातभर के लिए फ्रिज में रख दें, सुबह आसानी से अलग-अलग हो जाएंगे।

❑

तांबे के सामान को चूने की सहायता से साफ करें। कपड़े को पानी में भिगो कर चूने में लपेट लें। उससे रगड़कर सामान चमकाएं और फिर उसे पानी से धो दें।

❑

ताबें-पीतल की वस्तुओं पर हरे रंग के धब्बे बन जाते हैं। इन दागों को नौसादर व नमक मिले घोल से मिटाया जा सकता है।

❑

तांबे-पीतल के बर्तनों को जमुना की रेती से साफ किया जाए, तो भी वे चमक उठेंगे।

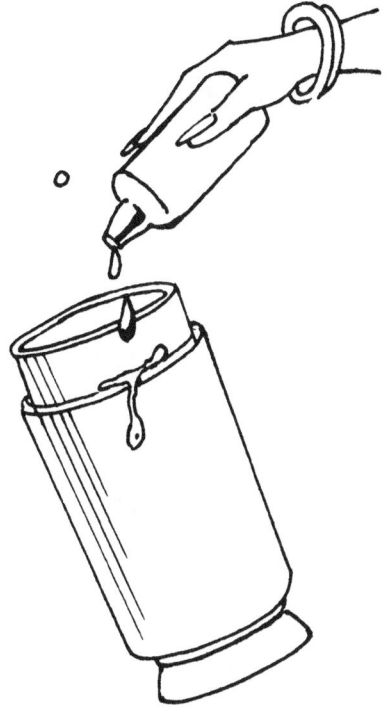

❑

तांबे-पीतल के बर्तनों को साफ करने के बाद पहले टूथब्रश पर मेटल पालिश लगाइए, फिर टूथब्रश पर मुलायम मलमल का कपड़ा बांध दीजिए, फिर उन बर्तनों को रगड़िए बाद में मुलायम कपड़े से पौंछ दीजिए।

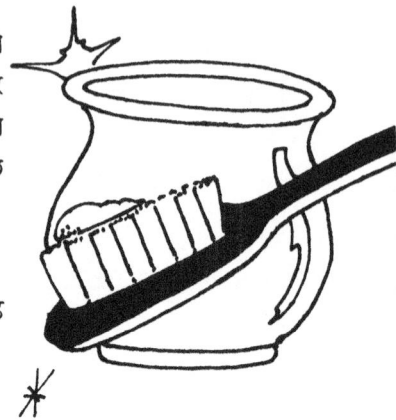

❑

तांबे पर पड़े हरे धब्बों को पिसे चॉक या मैथीलेटेड स्प्रिट से साफ कीजिए।

स्टील

❑

स्टील के बर्तनों में चाय या किसी प्रकार के दाग पड़ गए हों, तो वाशिंग पाउडर में चुटकी भर नमक डालकर उन बर्तनों को मलें, दाग साफ हो जाएगें।

❑

स्टील के बर्तन यदि इमली के रस से साफ किए जाएं, तो चमकने लगते हैं।

❑

बर्तन या क्रॉकरी साफ करने के लिए चाय की बची हुई गीली पत्तियां और एक चुटकी विम मिलाकर बर्तनों पर मलें, उनमें स्वाभाविक चमक आ जाएगी।

❑

स्टील का वाश वेसिन बेकिंग सोडे से साफ करें।

❑

स्टेनलेस स्टील के बर्तन यदि काफी गंदे हो गए हों, तो उन्हें सिरका मिले पानी से साफ करें, वे जगमगा उठेंगे।

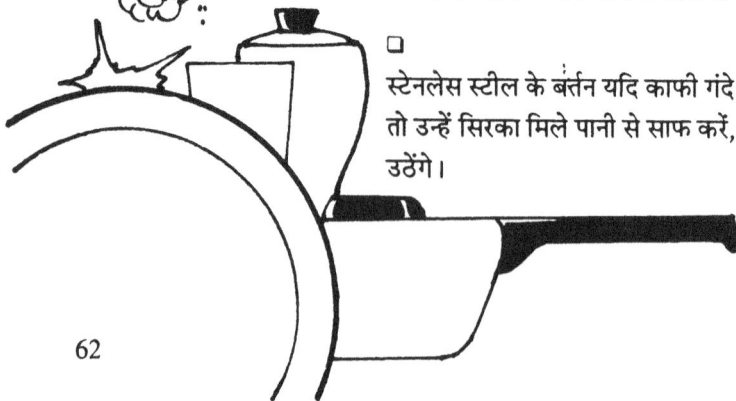

पीतल

❏
पीतल के बने सजावटी सामान को पहले कटे नीबू और मोटे नमक से साफ करें फिर उस पर पालिश करें।

❏
पीतल के बर्तन पहले सूखी राख से रगड़ें, फिर अखबार से राख पोंछ दें।

❏
तांबे और पीतल के बर्तनों को नौसादर व नमक से साफ करें फिर पानी से धो लें।

❏
पीतल-तांबे की वस्तुओं और मूर्तियों आदि पर पॉलिश करने के बाद एक पर्त बिना रंग की नेलपॉलिश की लगा दें, अर्से तक पॉलिश करने की आवश्यकता नहीं पड़ेगी।

❏
पीतल के शो-पीस, फूलदान आदि को चमकाने के लिए कपड़े पर जरा-सा सिलाई मशीन का तेल लगाकर उन्हें रगड़ें।

❏
पीतल की चीजों को चमकाने के लिए टूथपाउडर का इस्तेमाल करें।

❏
पीतल की पतीली यदि काली हो गई हो, तो उसे सुहागा डालकर उबालें।

❏
दो चम्मच नमक, एक कप सिरका और दो चम्मच आटा कपड़े में लेकर पीतल के बर्तन चमकाएं, उसी से खिलौने भी चमकाएं।

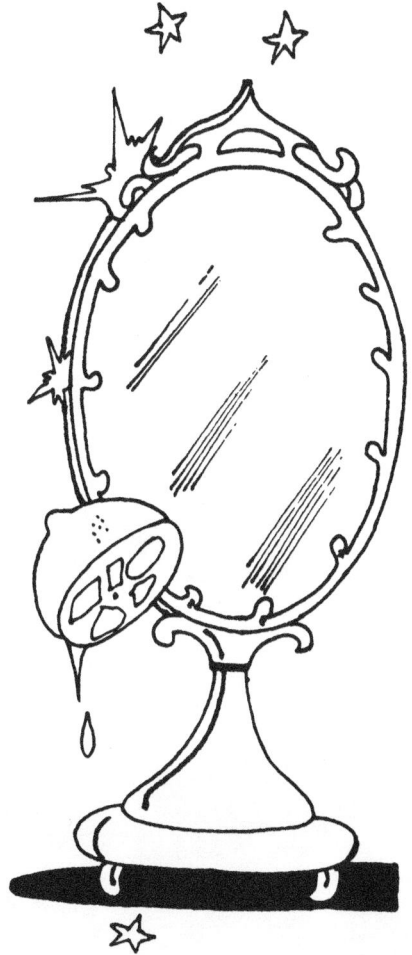

❑

पीतल के बर्तनों को चमकाने के लिए बारीक ईंट का चूरा और बीज निकली इमली का प्रयोग करें। ईंट का चूरा और गीली इमली को मिलाकर उससे बर्तनों को साफ करें। उसके बाद बर्तनों को पानी से धोकर मुलायम कपड़े से पोंछ कर सुखा लें।

❑

खरबूजे के बीज का गूदा जब इकट्ठा करना हो, तो उसे पीतल के बर्तन में इकट्ठा करें, वैसे भी यदि उस गूदे को रातभर बर्तन में रखें, तो बर्तन साफ हो जाएगा।

❑

मूंग की दाल काले पड़े पीतल के बर्तन में भिगोएं, बर्तन साफ हो जाएगा।

❑

पीतल वाला स्टोव यदि काला हो गया हो, तो एक ताजा नीबू लेकर उसका पूरा रस निकालकर छनी हुई कोयले की राख लगाकर स्टोव पर रगड़ें, स्टोव नया-सा दिखने लगेगा।

❑

बाहर पड़े रहने से पीतल-तांबे पर निशान, धब्बे और कालापन आ जाता है। आमतौर पर ऐसे बर्तन को इमली के पानी से रगड़ने के बाद साबुन से साफ कर धूप में सुखा लिया जाता है, लेकिन इससे बर्तन की चमक बिल्कुल खत्म हो जाती है। इसके लिए खाने वाले तेल को कपड़े में लगाकर उससे तब तक बर्तन को रगड़िए जब तक कि चमक न आ जाए।

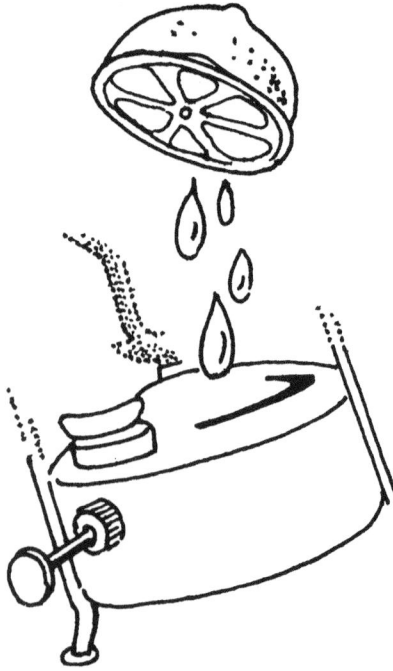

क्रोमियम

❑

क्रोमियम के सामान को साबुन व नमक के घोल में साफ करें।

64

तामचीनी

तामचीनी के सामान को साबुन के घोल में सिरका मिलाकर डुबो दें। पंद्रह मिनट बाद बाहर निकालें, रगड़कर चमकाएं फिर उसे पानी से धो दें।

एल्यूमिनियम

एल्यूमिनियम के बर्तन, संदूक आदि को साधारण साबुन से और तेजाब मिलाकर साफ करेंगे, तो दाग-धब्बे और चिकनाई के दाग सब आसानी से साफ हो जाएंगे। सारा सामान नए की तरह चमकने लगेगा।

एल्यूमिनियम के बर्तन जल जाएं, तो उनमें एक प्याज उबालकर फिर साफ करें।

हाथी-दांत

हाथी-दांत का सामान यदि पीला पड़ने लगे, तो उसे कांच के जार में रखकर धूप में रख दें, पीलापन मिट जाएगा।

प्लास्टिक

प्लास्टिक के टब-बाल्टी आदि को मिट्टी के तेल से रगड़कर साफ करें, बाद में साबुन से धोकर इन्हें धूप में रख दें।

प्लास्टिक के टब या बाल्टी में यदि खरोंचे हों, तो मेटलपॉलिश से भीगे मुलायम कपड़े से उन खरोंचों को रगड़ें, खरोंचें मिट जाएंगी।

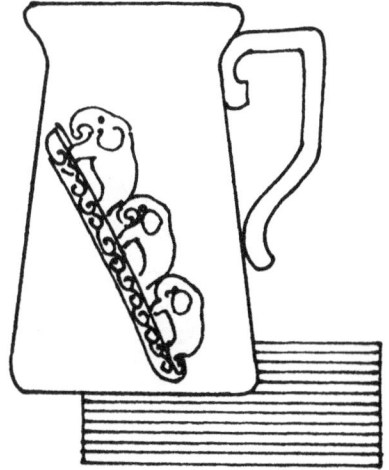

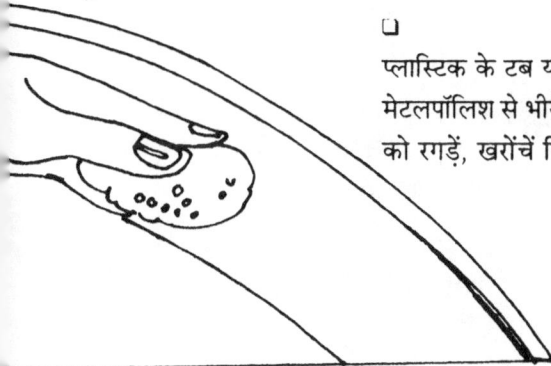

❑
प्लास्टिक की बाल्टी आदि पर धब्बे पड़ गए हों और साफ नहीं होते हों, तो सूखे साबुन के चूरे में जरा-सा हल्का तेजाब मिलाकर साफ करें, गंदगी दूर हो जाएगी। तेजाब बहुत हल्का होना चाहिए, सावधानी के लिए रबड़ के दस्ताने पहने लें। दस्ताने न हों, तो प्लास्टिक की थैली हाथ में बांध लें।

❑
प्लास्टिक की छलनी साफ करने के लिए थोड़े-से पानी में कपड़े धोने वाला सोडा मिलाएं फिर छलनी उसमें डुबो दें। कुछ देर बाद नल की धार में छलनी धो दें।

❑
प्लास्टिक की पानी की बोतलें साफ करने के लिए अंडे के छिलके चूरा करके पानी में मिलाएं, उस पानी से बोतलें साफ करें, चमक आ जाएगी।

❑
प्लास्टिक की गंदी चिकनी बोतलों को साफ करने के लिए गर्म पानी में नीबू का रस मिला लें और इसमें रातभर बोतलों को डुबोकर रख दें, सुबह धोएं।

मैलमोवेयर

❑
मैलमोवेयर के बर्तनों पर पड़े धब्बों को मिटाने के लिए खाने के नमक में मामूली सिरका मिलाएं। उससे बर्तन को अच्छी तरह रगड़ें, बर्तन एकदम साफ हो जाएंगे।

कांच

❑
कांच के बर्तन नमक मिले पानी से हल्के हाथ से रगड़ें, साफ हो जाएंगे।

❑
गिलास आदि को नील के पानी से धोएं, नये-से रहेंगे।

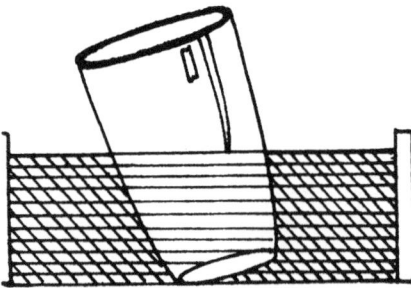

❑

खिड़की और दरवाजों के शीशे चमकाने के लिए प्याज उबालकर पानी छान लें। उसमें साबुन मिलाकर स्पंज से साफ करें फिर पानी से धोएं खिड़की-दरवाजे चमक जाएंगे।

❑

शीशे पर से पेंट के दाग मिट्टी के तेल से साफ करें।

❑

चश्मे पर अगर पानी की बूंद ठहर गई हो, तो उस पर तंबाकू रगड़ दें।

❑

रसोई का कार्य करते समय यदि चश्मा बार-बार धुंधला हो जाता है तो चश्मे के शीशे पर जरा-सा सूखा साबुन मलिए और चमकाइए, भाप उस पर ठहरेगी नहीं।

❑

चश्मे के शीशे यू.डी. कोलान की बूंदों से रगड़कर साफ करें।

❑

उबले आलू के छिलके से शीशे साफ करें, चमचमा उठेंगे।

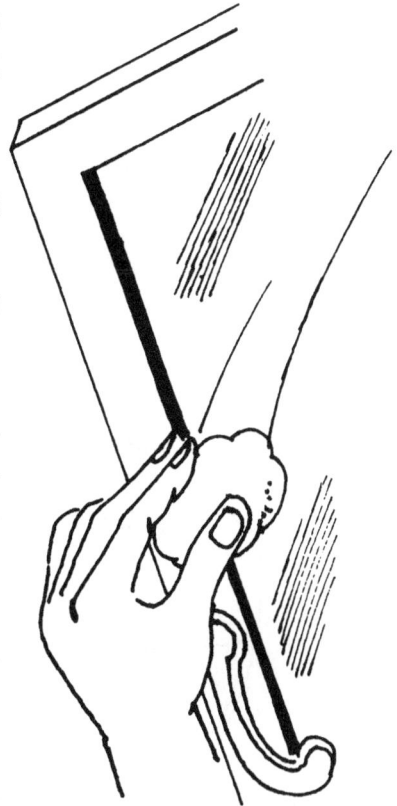

❑

शीशे चमकाने के लिए उन पर एक पर्त साबुन की लगाएं और पहले नम कपड़े से फिर सूखे कपड़े से पोंछ दें।

❑

कार के वाइपर काम नहीं कर रहे हों, तो एक सिगरेट से तंबाकू निकालकर उसे विंड-स्क्रीन पर मलें, पानी उस पर ठहरेगा नहीं।

बदरंग झाड़-फानूस को चमकाने के लिए पहले उसे अमोनिया ब्रश से मलें, फिर पान से साफ करके कपड़े से पोंछ लें। अमोनिया का इस्तेमाल ध्यान से करें, आंखों पर चश्मा लगाएं एवं रबड़ के दस्ताने पहनें। कमरा हवादार होना चाहिए।

कांच की चीजें यदि मैली हो जाएं, तो उन्हें नमक के हल्के हाथों से रगड़कर साफ करें, वे चमक उठेंगी।

खिड़की के कांच खाने वाले सोडे से साफ करें।

कांच के खिड़की और दरवाजे यदि गंदे हों, तो पुराने अखबार को गर्म पानी में डुबोकर उससे उन शीशों को रगड़ें। मिट्टी और चिकनाई के निशान इससे आसानी से साफ हो जाते हैं।

कांच के फूलदान के भीतर यदि गंदगी व मिट्टी जम गई हो, तो फूलदान में पानी भरकर उसमें ब्लीचिंग पाउडर डाल दीजिए। थोड़ी देर बाद ही वह जगमगा उठेगा।

चीनीमिट्टी के बर्तन

चीनीमिट्टी के बर्तन यदि सुनहरी धारी वाले हैं, तो हमेशा उनके बीच में पतला गत्ता या अखबार लगाकर रखें, इससे सुनहरी धारी नहीं मिटेगी।

इन पर पड़े चाय या कॉफी के धब्बे नमक-सिरके के घोल से साफ करें।

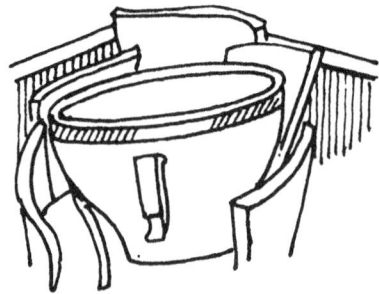

❑

दरार पड़ने पर चीनीमिट्टी के बर्तन दूध में आधा घंटा उबालें, दरार भर जाएगी।

❑

बदरंग पड़े चीनीमिट्टी के बर्तन सफेदा लगाकर साफ करने से साफ हो जाते हैं। प्लास्टर ऑफ पेरिस के घोल में बर्तन धोने से भी बर्तन चमक उठते हैं।

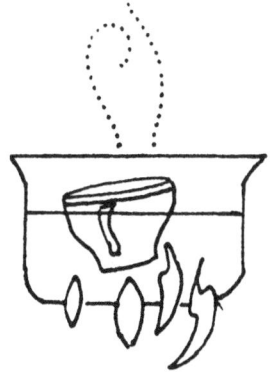

थर्मस

❑

चाय या कॉफी के दाग थर्मस में से हटाने के लिए उसमें अंडे के छिलके चूरा करके डाल दें, ऊपर से गर्म पानी डालकर हिलाएं। फ्लास्क अंदर से पीला पड़ गया हो, तो पानी डालकर अखबार के छोटे-छोटे टुकड़े भरकर आधा घंटे तक छोड़ दें, फिर उसे हिलाकर निकाल दें। फ्लास्क के अंदर जगमगाती सफेदी आ जाएगी।

दर्पण

❑

पिसी चाकमिट्टी में स्प्रिट और पानी मिलाकर उसे दर्पण पर लगाएं और पोंछ दें, दर्पण साफ हो जाएगा।

❑

दर्पण सिलीकोन पेपर से रगड़कर भी साफ किया जा सकता है।

❑

अखबार के टुकड़े को नम करके दर्पण पोंछिए, साफ हो जाएगा।

❑

कुछ बूंदें अमोनिया की मिलाकर पानी से पोंछ दें, दर्पण झिलमिलाने लगेगा।

❏

बदरंग हुआ दर्पण तारपीन के तेल और गर्म पानी से साफ किया जा सकता है।

❏

धुंधले पड़े दर्पण पर पहले गाढ़े साबुन की पर्त चढ़ा दें, फिर उसे मुलायम कपड़े से पोंछ दें।

❏

शीशे पर पड़े धब्बे कपड़े धोने वाले सोडे से साफ किए जा सकते हैं।

❏

दर्पण को सूखे विम या किसी अन्य पाउडर से रगड़कर साफ करें, वह फिर से चमकने लगेगा।

❏

दर्पण और बल्ब पर मक्खियों और कीड़े के बैठने के निशान नीबू के रस से साफ किए जा सकते हैं।

वस्त्र

❏

गर्म पानी में नमक मिलाकर कपड़े धोने से जहां कपड़े जल्दी साफ होते है वहीं वे चमक भी उठते हैं।

❏

पांच-छः धुलाई के बाद सूती चादरों की चमक जरा कम हो जाती है, चादरों को धोने के बाद हल्का-सा कलफ लगा दीजिए, प्रेस में चादर चमक उठेगी व बिछाने पर जल्द ही सिकुड़ेगी भी नहीं।

❏

साबुन के झाग को टब से बाहर निकलने से रोकने के लिए साबुन के मिश्रण में कुछ बूंदे सिरके की भी मिला दीजिए, वह झाग को बाहर निकलने से रोकता है।

❑

सफेद कपड़े धोते समय जब अंतिम बार उन्हें पानी से खंगालें, तो पानी में एक चम्मच नीबू का रस या मीठा सोडा डाल दें, इससे उनका रंग पीला नहीं पड़ेगा।

❑

सफेद कपड़ों पर पीलापन न आए, इसके लिए पानी में थोड़ी फिटकिरी डालकर कपड़े धोएं।

❑

सफेद कपड़ों के पीले पड़ जाने पर उन्हें धोकर हरी झाड़ी पर डालें या फिर एक कप गर्म पानी में एक चम्मच बोरेक्स डालकर घोलें। बाल्टी में थोड़ा पानी लेकर उस कप के घोल को पानी में डालकर पीले पड़े कपड़े आधे घंटे तक उसमें भिगो दें, बाद में कपड़ों को धूप में सुखाएं उनमें सफेदी आ जायेगी।

❑

रंगीन कपड़े धोते समय यदि साबुन के घोल में जरा- सा हाइड्रो सल्फेट मिला लें। और उसमें कपड़े भिगोएं, तो इससे एक कपड़े का दाग दूसरे पर नहीं लगेगा।

❑

काले रंग के कपड़े धोते समय आधी बाल्टी पानी में चार भाग अल्कोहल व एक भाग अमोनिया डालें। इससे रंग हल्का नहीं पड़ेगा।

❑

रंगीन कपड़ों की चमक बनाए रखने के लिए उन्हें पहले हल्के साबुन या सर्फ से धोएं फिर अंतिम पानी में दो चम्मच सिरका डालकर धोएं। कपड़ों को छांव में सुखाएं।

❑

कमीज के कॉलर को साफ करने के लिए पहले ठंडे पानी में भिगोकर उस पर शक्कर रगड़िए, फिर कुछ देर बाद उन्हें धो डालिए।

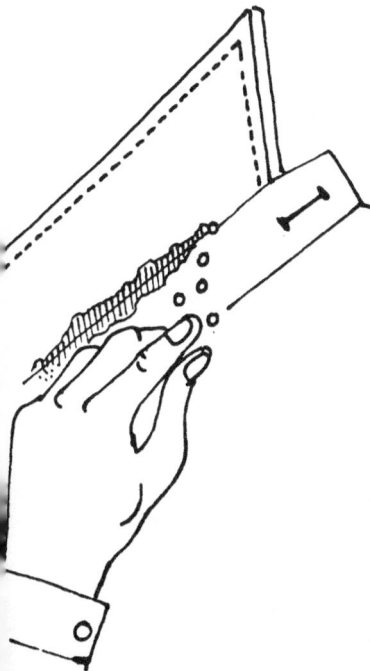

❑
कमीज के कॉलर पर पहले टैल्कम पाउडर छिड़किए, फिर धोइए, धारी नहीं बनेगी।

❑
कपड़ों में दिए जाने वाले कलफ में यदि एक चम्मच नमक मिला दिया जाए, तो कपड़ा इस्त्री करने में बिल्कुल नहीं चिपकेगा।

❑
गिलाफ धोने के बाद यदि एकदम रजाई पर चढ़ाना हो, तो पहले गिलाफ को उल्टा कर लें। अब गिलाफ के अंदर दोनों हाथ डालकर दोनों कोनों से रजाई के कोने पकड़कर रजाई उठाकर झटकें, गिलाफ आसानी से ऊपर तक आ जाएगा।

❑
गंदे कपड़े रखने के लिए पुराने हाउसकोट को नीचे से सिलकर हैंगर पर लटका दें, सुंदर थैला आपके सारे कपड़े रख लेगा।

❑
पर्दे धोने के बाद आखिरी बार के पानी में एक चम्मच स्प्रिट डाल दें, पर्दे चमचमा उठेंगे।

❑
सिल्क की साड़ी यदि घर में धो रही हैं तो गुनगुने साबुन-पानी में पहले दो चम्मच मिट्टी का तेल डालें, फिर साड़ी को उसमें भिगो दें। कुछ देर वैसे ही छोड़ दें, तब धोएं, साड़ी की चमक बरकरार रहेगी।

❑
आलू उबालने के बाद बचे पानी में स्पंज अथवा मुलायम कपड़ा भिगोकर उसे मैली काली साड़ियों पर लगा दिया जाए, तो वे साफ हो जाती हैं।

❏

सिल्क की साड़ी पर उबले आलू और बेसन को साबुन की तरह लगाएं और रगड़कर धो दें। उसकी चमक बरकरार रहेगी।

❏

सिल्क की साड़ियां रखे-रखे तह पर से कट जाती हैं। तह में दो-तीन लौंग रखने से ये कटेंगी ही नहीं कीड़ों से भी सुरक्षित रहेंगी।

❏

सफेद सिल्क के कपड़े हमेशा सफेद मलमल में या सफेद टिश्यू पेपर में लपेटकर रखने से पीले नहीं पड़ेंगे।

❏

सूती कपड़ों में मांड़ देने से पहले मांड़ में चुटकी भर नमक डाल देने से कलफ एक-सा व चमकदार लगेगा।

❏

आरगंडी की साड़ी का कड़ापन हटाने के लिए आधा बाल्टी पानी में एक कप दूध डालकर साड़ी को रातभर भिगो दें, सुखाकर प्रैस करें, कड़कपन ठीक-ठीक रह जाएगा।

❏

यदि कपड़े धुल-धुल कर पुराने हो गए हों और उनकी चमक खत्म हो गई हो, तो गर्म पानी में दो चम्मच शैम्पू के डालकर उसमें आधा घंटे कपड़े भिगोएं, कपड़ों में चमक आ जाएगी।

❏

बच्चों के कपड़े धोते समय उन्हें कुछ देर सिरके के पानी में डालकर रखें, कपड़ों की गंध दूर हो जाएगी।

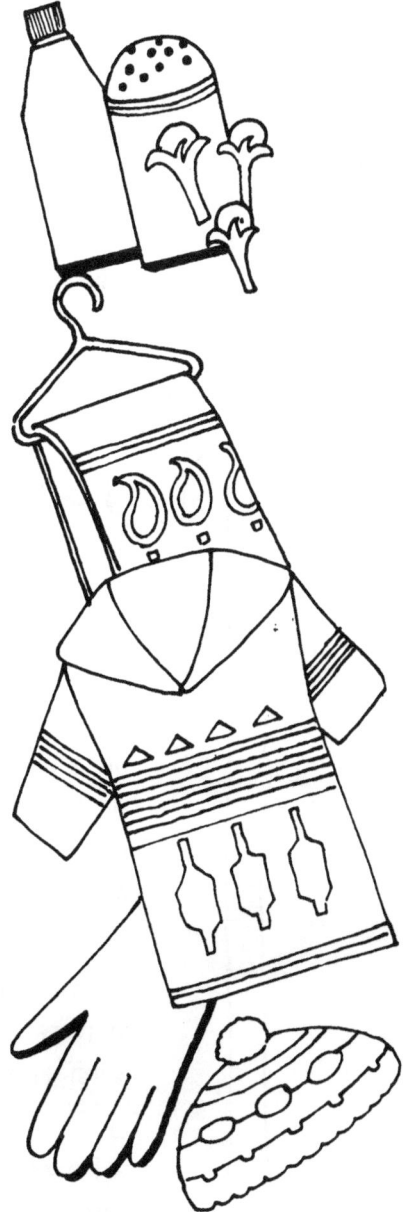

❑

अधिक कपड़े धोते समय क्रमश: एक छोटा और एक बड़ा कपड़ा धोने से थकान कम होती है।

❑

कपड़े धोते समय लैस वाले और रूमाल आदि छोटे कपड़ों को गिलाफ में मूंह बांधकर ढीला-ढीला बांध दें, कपड़े अटकेंगे नहीं।

❑

सूती, रेशमी और ऊनी सभी तरह के कपड़ों को सीलन से बचाने के लिए कपड़ों की अलमारियों में यूक्लिप्टस के सूखे फूल रखें।

❑

ऊनी कपड़ों से सिकुड़न हटाने के लिए उन्हें कुछ देर भाप पर रखिए, फिर फर्श पर फैला दीजिए।

❑

ऊनी कपड़े धोने के बाद उन्हें निचोड़ने के स्थान पर मोटे कपड़े या तौलिए में लपेटकर दबाएं। तौलिया सब पानी सोख लेगा। यही तरकीब यदि कपड़ा जल्दी सुखाना हो, तो भी प्रयोग में लाई जा सकती है।

❑

ऊनी कपड़े धोने से पहले साबुन के पानी में थोड़ी-सी फिटकरी पीसकर मिलाएं, ऐसा करने से न तो कपड़ों का रंग छूटेगा और न ही वे सिकुड़ेंगे।

❑

ऊनी कपड़ों को धोते समय कुछ बूंदे अमोनिया की डालें, इससे कपड़ों में से पसीने की बदबू समाप्त हो जाएगी।

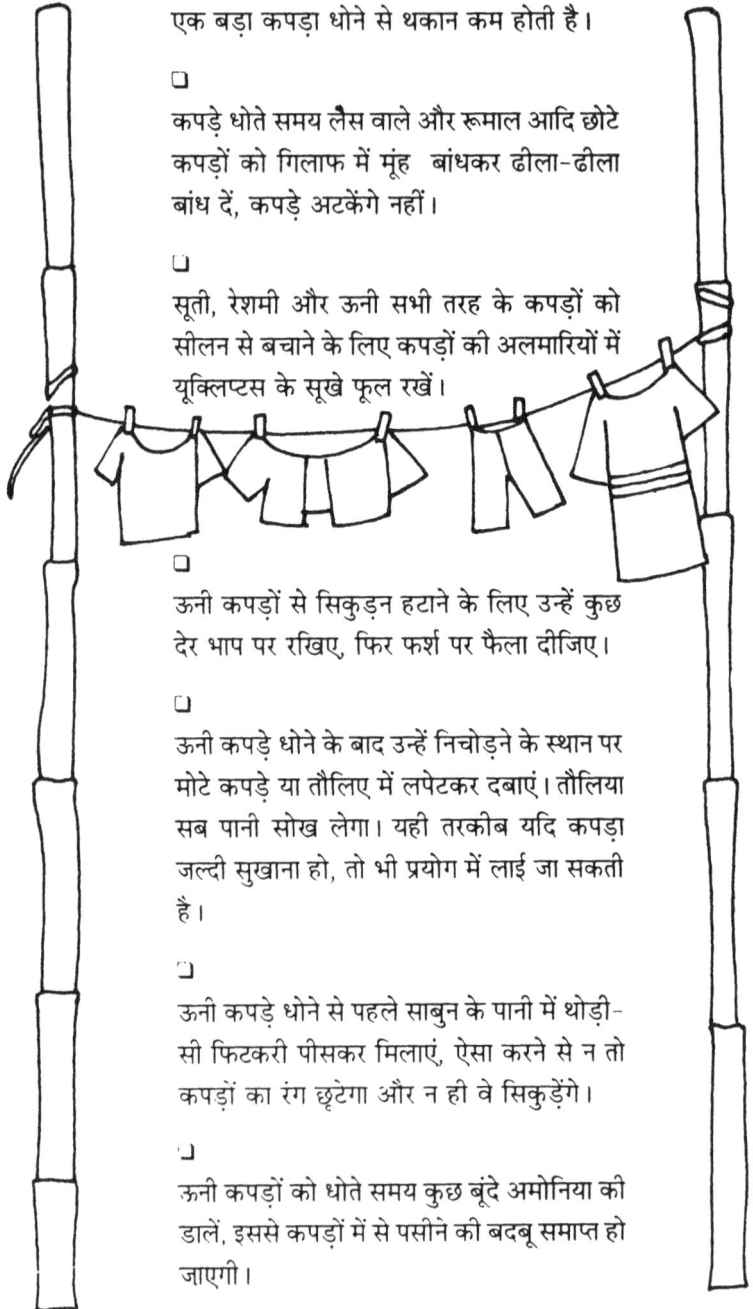

❏

ऊनी कपड़ों को धोने के लिए सौ ग्राम नमक ठंडे पानी में डालकर पंद्रह-बीस मिनट तक कपड़ों को उसमें भीगने दें। इसके बाद साबुन के पानी में भिगोकर धोएं, कपड़ों को रंग नहीं छूटेगा, कपड़ा मुलायम भी रहेगा।

❏

ऊनी कपड़ों को धोते समय पानी में एक चम्मच ग्लीसरीन डाल दें, इससे कपड़े सिकुड़ते नहीं हैं।

❏

कई रंग के स्वेटर धोने से पहले जरा-जरा-सी ऊन धोकर देख लें, ज्ञात हो जाएगा कि स्वेटर रंग तो नहीं छोड़ते।

❏

ऊनी कपड़ों पर से दानेदार रोएं हटाने के लिए रेजर का प्रयोग करें। रेजर में नया ब्लेड लगाकर उसे स्वेटर पर एक ही दिशा में चलाएं।

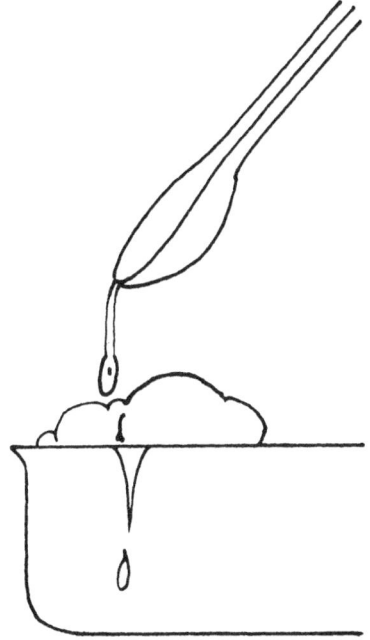

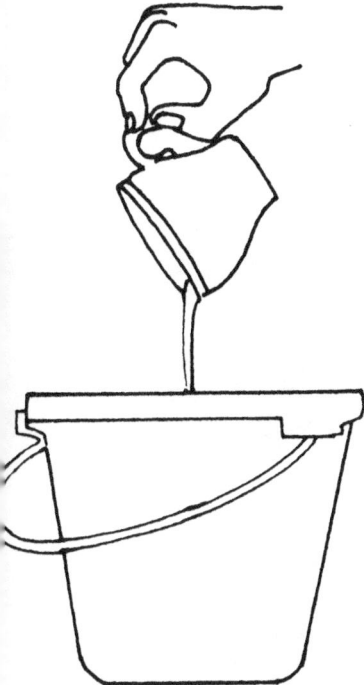

❏

एक कप शुद्ध पेट्रोल तीन लीटर पानी में डाल दें, उसमें कंबल भिगो दें। अच्छी तरह उलट-पलट कर उसके दाग-धब्बे रगड़ दें। दस मिनट बाद कड़ी धूप में सूखने के लिए उसे फैला दें। कंबल निखर जाएगा।

❏

धोते समय पानी में एक चम्मच ग्लीसरीन मिला देने से कंबल मुलायम बना रहता है।

❏

ऊनी कंबल पर यदि तेल या चिकनाई का दाग लग गया हो, तो पहले उसे दही से साफ कर लें, फिर धो डालें। दाग मिट जाएगा।

❑
ऊनी कपड़ों को सीलन से बचाने के लिए उन पर फिटकरी छिड़कें।

❑
ऊनी कपड़ों में नैप्थलीन की गोली डालते समय उन्हें पॉलिथीन बैग में ही रहने दें, परंतु उस बैग में छोटे-छोटे छेद कर दें। इससे गोलियां ज्यादा समय तक चलेंगी और कपड़ों पर धब्बे भी नहीं पड़ेंगे।

❑
ऊनी कपड़ों के साथ एक छोटी-सी पोटली में कपूर बांधकर रख दें, इससे कीड़े नहीं लगेंगे।

❑
ऊनी कपड़ों के नीचे अखबार की तह में खाने वाले तंबाकू के पत्ते रखें।

❑
स्वेटरों को सूटकेस में रखते समय उन्हें रोल बनाकर रखें, इससे जगह भी कम घिरेगी और स्वेटर में सलवटें भी नहीं पड़ेंगीं।

❑
कामदार या सलमा-सितारे के कपड़े सफेद सूती कपड़े में लपेटकर रखें। इससे सलमा-सितारे का काम काला नहीं पड़ेगा।

❑
कीमती साड़ियों पर चंदन-चूरा छिड़ककर रखें, कीड़े और नमी नहीं आएगी।

कीमती साड़ियों पर हल्की कपड़े की पर्त रखकर धूप दिखाएं। उसके पश्चात् एक पुरानी सूती साड़ी लेकर उसमें कीमती साड़ी तहकर रखें। अब सूखी लाल मिर्च बड़े-बड़े टुकड़े करके सभी तहों में रखें। फिर अच्छी तरह सूती साड़ी में लपेटकर बक्से या अलमारी में रखें। कीड़े-मकोड़े पास नहीं फटकेंगे और साड़ी की चमक भी पूर्ववत् रहेगी।

❑

कीमती साड़ी लंबे समय तक ज्यों-की-त्यों रखी रहती है, महीने-दो-महीने बाद इसकी तह उल्टी लगाकर रखें।

लेस

❑

लेस की बनी चीजें धोने से पहले यदि कटी-फटी हों या उसके बुनाई के फंदे गिरे दिखाई दें, तो उन्हें तुरंत ठीक कर दें, जिससे धोने में वे अधिक न फटें।

❑

लेस गंदी हो या उस पर दाग-धब्बे लगे हों, तो उन्हें रगड़कर न छुड़ाएं। बोरेक्स वाले साबुन के घोल में उन्हें डुबो दें और अनुकूल सफाई-सामग्री से धीरे-धीरे दाग-धब्बे छुड़ाएं।

❑

इन कपड़ों को साफ करने के लिए एक खाली प्लास्टिक के डिब्बे में डालकर ऊपर से साबुन का गुनगुना घोल डालें। फिर हिला-हिलाकर साफ करें। बाद में निकालकर पानी से धो लें।

❑

लेसों को किसी बोतल या डिब्बे में लपेटकर साबुन के घोल में रखकर घुमाते हुए हल्के हाथों से मलने से वे शीघ्र साफ हो जाती हैं।

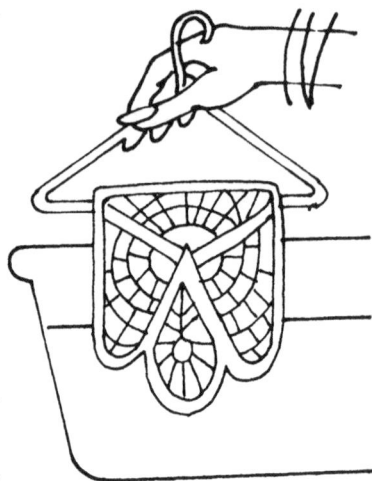

❑

यदि लेस धोते समय उसके उलझने या खिंचने का डर है, तो उसे कपड़े पर टांककर फिर अच्छे साबुन-पाउडर के घोल में डुबोकर थोड़ी देर रख दें। इससे लेस पर लगी गंदगी अपने-आप निकल जाएगी, बाद में उसे धो लें।

❑

अधिक गंदी लेस साफ करते समय बर्तन में बोरेक्स व् दूध मिलाकर उसे आंच पर रखें। पानी के खौलने पर लेस को कपड़े के अंदर बंद कर उसे उबलते पानी में डालकर हिलाते-डुलाते रहने से वह साफ हो जाती है और उसकी बुनाई पर भी कोई खराब प्रभाव नहीं पड़ता। इस धुली लेस को पहले गुनगुने पानी में खंगाल लें फिर इस पर गोंद, मांड या बोरेक्स आदि से कलफ दें। नयी ताजगी आ जायेगी। श्वेत लेस में हल्का नील या टिनोपॉल भी डाला जा सकता है।

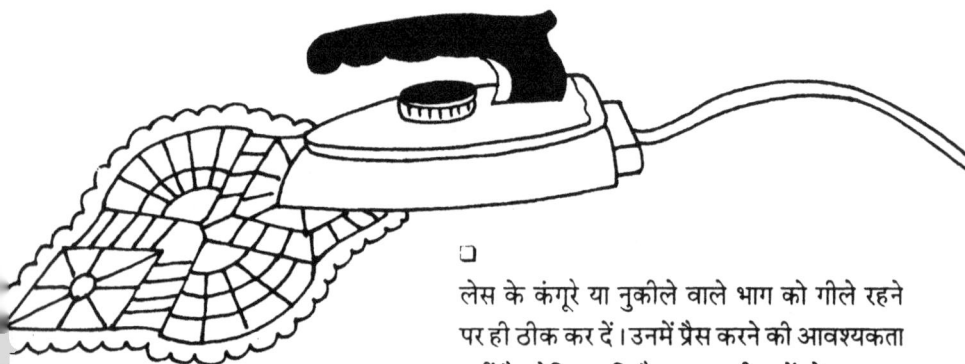

❑

लेस के कंगूरे या नुकीले वाले भाग को गीले रहने पर ही ठीक कर दें। उनमें प्रैस करने की आवश्यकता नहीं है, लेकिन यदि प्रैस करना ही चाहें तो कुछ नम रहने पर ही उल्टी तरफ से हल्की गर्म प्रैस करें।

❑

सोने-चांदी के तारों से बनी लेस को रीठे के फेन के घोल में हथेली पर रखकर धीरे-धीरे मलें या कोमल ब्रश का प्रयोग करें। नकली तारों की बनी लेस पानी से खराब हो जाती है अत: इसे पॉलिश से रगड़कर साफ करें।

दाग

❏

वॉल पेपर पर पड़े धब्बे छुड़ाने के लिए टिश्यू पेपर से अमोनिया के घोल का प्रयोग करें, अमोनिया का घोल हल्का लें और देख लें कि वॉल पेपर पर उसका कोई बुरा असर तो नहीं हो रहा है।

❏

पॉलिश किए हुए लकड़ी के सामान पर से दाग हटाने के लिए सिरके और गर्म पानी का घोल, दो चम्मच सिरका और आधा लीटर गर्म पानी के अनुपात से बनाएं। मुलायम कपड़े को इस घोल में भिगोकर दाग पर लगाएं, दाग गायब हो जाएगा और लकड़ी चमक उठेगी।

❏

फर्नीचर पर पड़े सफेद धब्बे सिगरेट की राख से छुड़ाएं। एक मुलायम कपड़े को लेकर उसे सिरके में डुबोएं फिर उसमें सिगरेट की राख लगाकर अच्छी तरह रगड़कर साफ करें, दाग आसानी से मिट जाएंगे।

❏

कालीन पर पड़े धब्बे पर नमक छिड़क दें, ब्रश से साफ कर दें।

❏

बॉलपैन के दाग मिटाने के लिए कपड़े को साबुन से साफ करें, दाग हल्का होने पर उस पर जरा-सी बैन्जीन मलें, दाग गायब हो जाएगा।

❏

बॉलपैन का दाग नेलपॉलिश रिमूवर से भी मिटाया जा सकता है।

छाते पर से मिट्टी के दाग हटाने के लिए उसे कुछ बूंदें अमोनिया और कपड़े धोने वाले सोडा मिले पानी से धोएं।

चिकनी कालिख कपड़ों पर लग जाए, तो उसे प्याज से रगड़कर साफ कीजिए।

उपहार में मिली वस्तुओं पर से छपे मोनोग्राम व अंकित नामों को नेलपॉलिश रिमूवर से हटाएं।

धातु पर से जंग के दाग-धब्बे छुड़ाने के लिए उन्हें टाइप राइटर के रबर से रगड़ें।

बर्तनों पर से अंडे के धब्बे गीले नमक से हटाए जा सकते हैं।

शीशे पर पड़े धब्बे कपड़े धोने वाले सोडे से साफ किए जा सकते हैं।

कपड़े की जिप मैली पड़ गई हो, तो उसे दांत के पुराने ब्रश से साफ करें, फिर वैसलीन लगाकर फालतू वैसलीन कागज से पोंछ दें, जिप ठीक हो जाएगी।

साड़ी पर चिकनाई का दाग लग जाए, तो उस पर टेल्कम पाउडर छिड़ककर उसे धूप में रखें। चाय, कॉफी गिर जाए, तो पैट्रोल में रूई भिगोकर उसे हल्के हाथों से मलें। पैट्रोल न होने पर मिट्टी के तेल का प्रयोग करें।

❑

यदि कपड़े पर पक्के रंग के धब्बे लग गए हों, तो पोटेशियम परमेंगनेट को धब्बों पर डालकर मलें, फिर गर्म पानी से उन्हें धो डालें, इससे दाग हल्के पड़ जाएंगे।

❑

कपड़ों पर गिरी बीयर या शराब के धब्बे छुड़ाने का सबसे सरल उपाय है सोडा-वाटर।

❑

कपड़ों पर से घास के धब्बे छुड़ाने का सबसे सरल उपाय है अल्कोहल।

❑

अगर कपड़ों पर लाल या काली स्याही के दाग पड़ जाएं, तो उन पर टमाटर का रस रगड़कर थोड़ी देर वैसे ही रहने दें, बाद में धो दें।

❑

मोबिल ऑयल के दाग या काले धब्बे छुड़ाने के लिए उन पर डालडा घी लगाकर रगड़ें धब्बे बिल्कुल साफ हो जाएंगे।

❑

सूती, रेशमी और टैरीलीन के कपड़ों पर से चाय के धब्बे हटाने के लिए प्रभावित भाग को किसी थाली या चौड़े मुंह के बर्तन पर फैलाकर ऊपर से घिसा हुआ सुहागा बुरक दें, तत्पश्चात् उस पर पानी डालें।

❑

स्याही के दाग-धब्बे छुड़ाने के लिए कपड़े पर दोनों तरफ टूथपेस्ट लगा दें, कुछ देर सूखने दें, फिर धो दें।

❑

ऑयल पेंट के दाग सफेद स्प्रिट से छुड़ाएं।

❑

कपड़ों पर से फलों के दाग पिसा सुहागा छिड़ककर फिर ठंडे पानी से धोकर हटाएं।

❑

फल के दाग कपड़े पर से हटाने के लिए उस पर ग्लीसरीन लगाएं, फिर धो दें।

❑

कपड़े पर लगे मोम के दाग हटाने के लिए मोम पर क्राफ्ट पेपर रखकर उस पर हल्की गर्म प्रैस घुमाएं।

❑

खून के दाग वाले कपड़े नमक मिले पानी से धोएं।

❑

कत्थे के दाग पर पहले प्याज घिसें, फिर साबुन लगाकर खूब गर्म पानी से धो डालें।

❑

सफेद कपड़ों पर से चाय के धब्बे ब्लीचिंग पाउडर से हटाए जा सकते हैं।

❑

चाय गिरते ही कपड़े पर तुरंत शक्कर बुरक दें, उस स्थान पर दाग ही नहीं पड़ेगा, यदि पड़ेगा तो आसानी से साफ हो जाएगा।

❑

मिट्टी के दाग पड़ने पर पहले मिट्टी सूखने दें फिर उसे ब्रश से झाड़ दें। पानी में कुछ बूंदे अमोनिया की डालें तथा कपड़ा धोने का सोडा डालकर पानी घोलें, फिर उस पानी से कपड़ा धो दें।

82

❏

अगर सिल्क की साड़ी या कामदार साड़ी पर हल्दी या तेल का दाग लग जाए, तो उस स्थान पर टेल्कम पाउडर छिड़ककर उस पर ब्लॉटिंग पेपर रखकर गर्म स्त्री करें, दाग साफ हो जाएगा।

❏

प्रैस करते समय कपड़े पर जलने का दाग पड़ जाए, तो उस पर तुरंत नमक या नीबू रगड़ दें, दाग मिट जाएगा।

❏

एक कपड़े का दाग दूसरे कपड़े पर लग जाए, तो उसे एम्ब्रोल नामक कैमिकल से हटाया जा सकता है।

❏

ढाई सौ ग्राम पानी में एक चाय का चम्मच अमोनिया मिलाकर बच्चों के पेशाब के दाग वाले कपड़ों को डुबोकर रखने से पेशाब के दाग खुद-ब-खुद साफ हो जाएंगे।

❏

इमल्शन पेंट के दाग छुड़ाने के लिए उस भाग को रातभर ठंडे पानी में डुबोएं।

❏

कार्बन पेपर के धब्बे स्प्रिट से साफ किए जा सकते हैं।

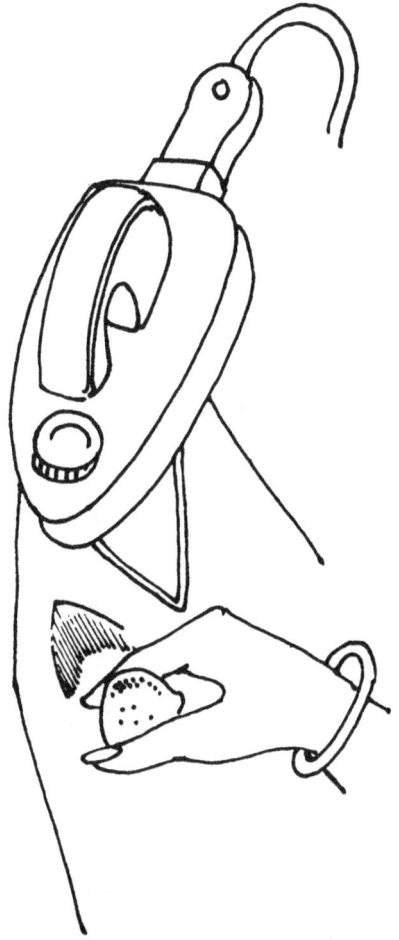

❏

फर्नीचर पर जले के धब्बे मिटाने के लिए रूई को पैराफिन में डुबोकर उस स्थान पर रगड़ें। अक्सर एलबम में पड़ी फोटो चिपक जाती हैं, उन पर धब्बे पड़ जाते हैं, एक कटोरी में पैट्रोल लेकर रूई से फोटो को साफ करें उनमें पहले जैसी चमक आ जाती है।

❏

वॉल पेपर के दाग रबर से या बासी ब्रैड से मिटाएं।

83

फ्रीजर

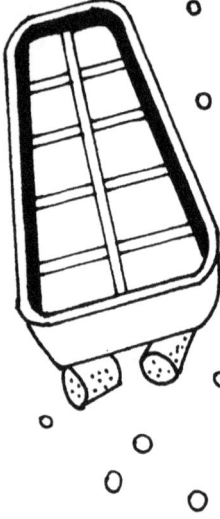

- फ्रीजर को साफ करने के बाद उस पर थोड़ा-सा ग्लीसरीन का कोट चढ़ा दें, बर्फ उतारने में परेशानी नहीं होगी।

- आइस क्यूब को पॉलिथिन में भरकर फ्रीजर में रखें, हमेशा बर्फ तैयार मिलेगी।

- बर्फ की ट्रे फ्रिज में न चिपके इसके लिए पांच-छः कार्क के टुकड़े उसके नीचे रखें।

- सोडा वॉटर छिड़कने से बर्फ के टुकड़े आपस में चिपकते नहीं।

- यदि फ्रिज में बर्फ पतली जमती हो और आपके पास आइसिंग शुगर भी खत्म हो चुकी हो, तो चिंता न करें, उस पर पाउडर का दूध छिड़क दें, बर्फ ठोस जम जाएगी।

- फ्रिज में से दुर्गंध दूर करने के लिए उसमें रूई में वनीला एसेंस लगाकर रखें।

- ताजे पुदीने के डंठल फ्रिज में रखने से हर वस्तु की दुर्गंध जाती रहती है।

- यदि फ्रिज से बदबू आ रही हो, तो किसी बड़े कटोरे में पानी भरकर एक चम्मच मीठा सोडा तथा कुछ पुदीने की पत्तियां डालकर रख दें, कुछ घंटों में बदबू दूर हो जाएगी।

❏

फ्रिज के अंदर फफूंदी रोकने के लिए उसे सफेद सिरके से पोंछ दीजिए।

❏

फ्रिज की रबर-सील मिथाइलेटेड स्प्रिट से हर दो महीने बाद पोंछ देने से अधिक समय तक चलती है।

❏

यदि आपके घर में फ्रिज नहीं है और आप ठंडा पानी चाहते हैं, तो एक प्लास्टिक के बेसिन में थोड़ी बालू डाल दीजिए, उस रेत में थोड़ी सूखी घास डालकर फिर थोड़ी-सी रेत डालिए। अब बेसिन को पानी से भर दीजिए, फिर उसके ऊपर पानी से भरा मटका गीले तौलिये में लपेटकर रखिए, आपका फ्रिज तैयार है।

❏

फ्रिज में बर्फ जमाने से पहले उसमें पुदीने की पत्तियां और नारंगी रंग डालें। पुदीने की पत्तियों वाले क्यूब को, शिकंजी और नारंगी रंग वाले स्क्वैश आदि में प्रयोग करें।

फर्श

❏

मोजेक के फर्श पर नील वाले पानी का पोंछा लगाइए, फर्श शीशे की तरह चमक उठेगा।

❏

संगमरमर का फर्श चमकाने के लिए एक कपड़े के टुकड़े पर थोड़ा-सा पैराफिन डालकर उससे फर्श रगड़ें, फर्श चमक उठेगा।

❏

सफेद फर्श पर से जंग के दाग हटाने के लिए गर्म आवजैलिक अम्ल का इस्तेमाल करें अथवा उस स्थान पर पिसा नमक डालकर उसे नीबू से अच्छी तरह रगड़ें।

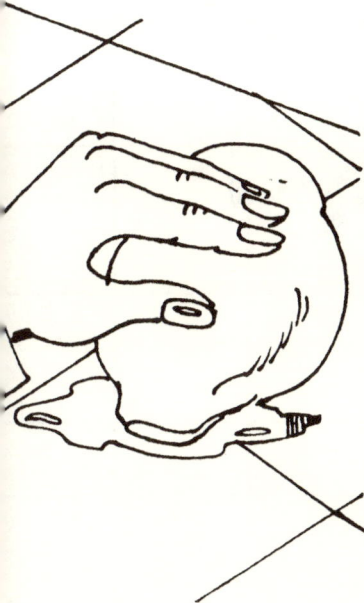

❑
ग्लेज मार्बेल का फर्श डिटरजेंट पाउडर में सिरका मिलाकर रगड़ने से साफ किया जा सकता है।

❑
फर्श पर चाय आदि के निशान हों तो नमक मिश्रित पानी से रगड़कर साफ करें।

❑
काई हटाने के लिए काई पर सूखा चूना छिड़क दें।

टाइल

❑
टाइल्स पर से दाग नमक लगाकर छुड़ाए जा सकते हैं।

❑
टाइल पर पड़े धब्बों को सिरके से पोंछकर तुरंत साबुन मिले गर्म पानी से धो दें।

❑
टाइल की चमक बनाए रखने के लिए पहले उस पर नीबू काटकर रगड़ें, फिर पंद्रह मिनट बाद मुलायम गीले कपड़े से उसे पोंछ दें।

❑
टाइल पर पड़े धब्बे तरल अमोनिया और साबुन के घोल से मिटाए जा सकते हैं।

❑
पैराफिन और नमक में कपड़ा भिगोकर टाइल पर लगाएं, चमक बनी रहेगी।

❑
बेहद गंदे टाइल को साफ करने के लिए उस पर बोरेक्स और नीबू के रस को लगाएं, फिर कपड़े से साफ करें।

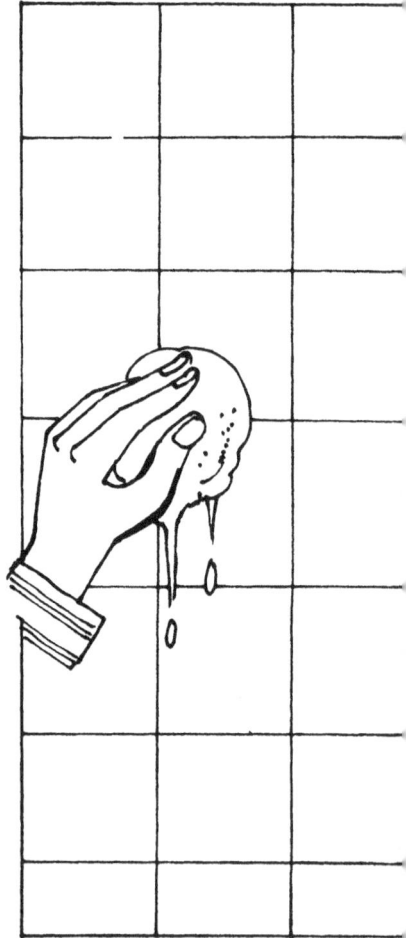

❑
टाइल पर पड़े पीले धब्बे नमक और तारपीन के तेल से साफ करने से छूट जाते हैं।

❑
ब्लीचिंग पाउडर रातभर टाइल और टॉयलेट शीट पर लगा रहने दें, सुबह साफ कर दें, चमक आ जाएगी।

चमड़ा

❑
चमड़े की वस्तुओं जैसे पर्स, बैग व जूते पर से मैल हटाने के लिए उन पर थोड़ा-सा आफ्टर-शेव लोशन छिड़क दें। ऐसा करने से उन पर जितनी भी मैल होगी, हट जाएगी और चमड़े की वस्तुएं चमक उठेंगीं।

❑
कड़े पड़े चमड़े की दरारें ठीक करने के लिए एक चम्मच सिरके में दो चम्मच अलसी का तेल मिलाकर दरार वाले भाग पर लगा दें।

❑
चमड़े का पर्स चमकीला और मुलायम रखने के लिए उसे गुनगुने दूध में भीगे कपड़े से साफ कीजिए, पर्स चमक उठेगा।

❑
चमड़े के पर्स आदि पर पड़े फंगस के धब्बे छुड़ाने के लिए पहले उन पर मोमबत्ती रगड़ें, फिर मुलायम कपड़े से पोंछ दें।

❑
चमड़े पर लगे स्याही के दाग नेलपॉलिश रिमूवर से साफ करें।

❑
अलसी का तेल, सिरका और तारपीन का तेल मिलाकर चमड़े की चीजों पर पॉलिश करें। सिर्फ अलसी के तेल से भी पॉलिश कर सकती हैं।

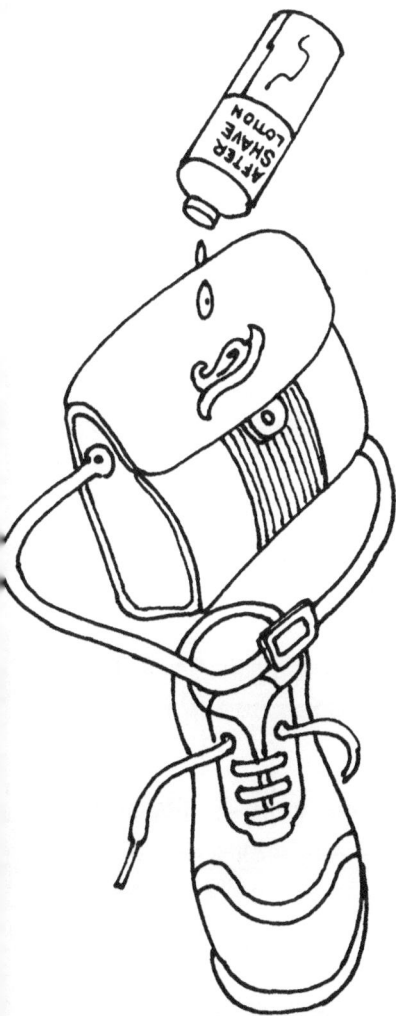

फर्नीचर

❏

पतले कपड़े को सिरके में भिगोकर सिगरेट की राख लगाकर रगड़ने से फर्नीचर में लगे धब्बे साफ हो जाते हैं।

❏

फर्नीचर पर वार्निश करते समय वार्निश का डिब्बा एक चौड़े गर्म पानी से भरे बर्तन में रख लें, फिर वार्निश करना शुरू करें, गर्मी की वजह से वार्निश आसानी से लग जाएगी और सतह बहुत कम समय में सूख जाएगी।

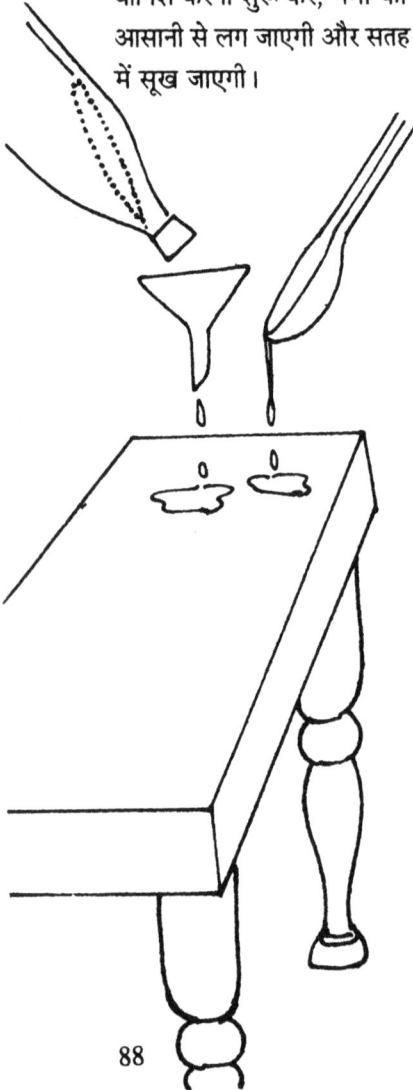

❏

सरसों के तेल में मिट्टी का तेल मिलाकर किसी कपड़े से लकड़ी के सामान को साफ करने से उस पर चमक आ जाती है।

❏

यदि आपका फर्नीचर हल्के रंग का है तथा उस पर रगड़ या खरोंच के निशान पड़ गए हैं तो एक अखरोट का टुकड़ा (गूदा) रगड़ के स्थान पर लगा दें, गूदे से खराश भर जाएगी और खुश्क होने पर रगड़ का निशान बिल्कुल मिट जाएगा। यदि फर्नीचर गहरे रंग का है, तो आयोडीन लगा दें।

❏

फर्नीचर पर से जले के दाग मिटाने के लिए रूई को पैराफिन में डुबोकर उस स्थान पर रगड़ें।

❏

लकड़ी के फर्नीचर पर धुएं और चिकनाई के दाग लग गए हों, तो स्टार्च और पानी का गाढ़ा घोल दाग पर लगाकर सूखने के लिए छोड़ दें। सूखने पर एक साफ कपड़े से रगड़ दें, निशान मिट जाएंगे।

❏

वार्निश किया हुआ लकड़ी का सामान ठंडी चाय से साफ करें, वह चमक उठेगा।

❑
पेंट किए हुए लकड़ी के सामान पर पड़े उंगलियों के निशान कैरोसिन में भीगे कपड़े से रगड़कर साफ हो जाते हैं। वही निशान वार्निश की हुई सतह पर तेल से मिटाए जा सकते हैं।

❑

फर्नीचर की सफाई के लिए स्वयं पालिश बनाते समय लगभग 750 मि.ली. गर्म पानी में दो बड़े चम्मच ऑलिव ऑयल और एक बड़ा चम्मच सिरका डालकर अच्छी तरह मिला लें। इसे प्रयोग में लाते समय गर्म ही रखें, लकड़ी पर से धूल मिट्टी हटाकर फर्नीचर पर लगाने के बाद सूखने पर इसे सूखे कपड़े से रगड़ दें, चमक आ जाएगी।

❑

लकड़ी के सामान की सफाई के लिए एक बोतल में एक कप मिट्टी का तेल, एक कप सिरका और आधा कप पानी डालकर अच्छी तरह फर्नीचर आदि पर लगाएं और सूखने दें, अंत में साफ कपड़े से उसे रगड़कर पोंछ दें।

❑

एक बोतल में साबुन और पानी का घोल बनाकर उसमें एक बड़ा चम्मच तारपीन का तेल डालकर घोल तैयार करें। इस घोल को कपड़े से फर्नीचर व फर्श आदि पर लगाएं और सूखने पर साफ कपड़े से रगड़ दें।

❑

लकड़ी के फर्नीचर को चमकदार बनाए रखने के लिए तीन भाग पानी और एक हिस्सा सरसों का तेल भलीभांति फेंट लें। झाग आने पर इस मिश्रण को फर्नीचर पर रगड़ें, इससे फर्नीचर में चमक आ जाएगी।

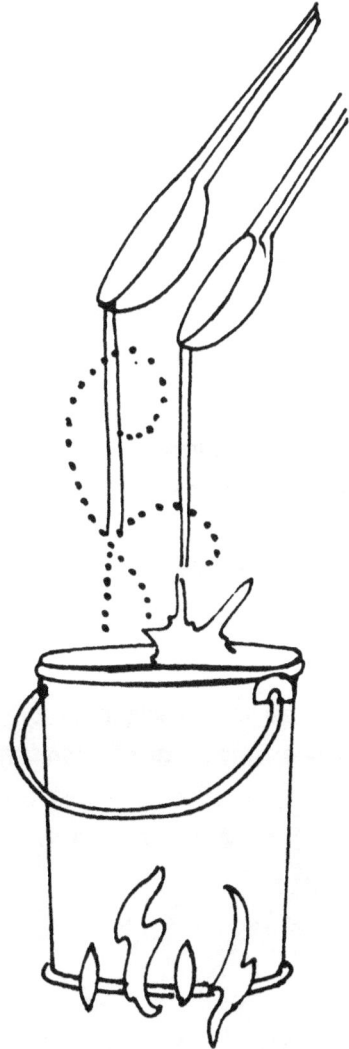

❑

सनमाइका की मेज को साफ करने के लिए हल्के गीले कपड़े पर थोड़ा-सा दंतमंजन डालें और इसे मेज पर मुलायम कपड़े से रगड़ें, सनमाइका पर पड़े धब्बे तुरंत साफ हो जाएंगे।

❑

बेंत के बने फर्नीचर की बेंत यदि ढीली हो गई है, तो उबलते पानी में सोडा मिलाकर कपड़े से उसे बेंत पर लगाएं, थोड़ी देर बाद पोंछकर उसे खुली हवा में सुखा लें, बेंत कस जायेगी।

❑

सीलन की वजह से अजब-सी गंध आने लगती है। इसे दूर करने के लिए फर्नीचर के चारों और सूखा चूना फैला दें, कुछ समय में चूना सारी नमी सोख लेगा।

❑

बरसात में नमी से बचने के लिए देवदारू की लकड़ी का फर्नीचर इस्तेमाल करें। इसमें कीड़े नहीं लगेंगे। साधारण लकड़ी की अलमारी में कीड़े न लगें इसके लिए देवदार की लकड़ी का बुरादा पुरानी जुराबों में भरकर अलमारी में डाल दें, कीड़े दूर हो जाएंगे।

❑

लकड़ी की अलमारी आदि पर से स्टिकर के निशान मिटाने के लिए उस स्थान पर टेल्कम पाउडर लगाएं, फिर जरा-सी दूध की क्रीम लेकर उस स्थान पर लगाएं और उसे रगड़ें, निशान साफ हो जाएगा।

कागज

❑

काले क्रपड़े में कागज बांधने से वे पीले नहीं पड़ेंगे।

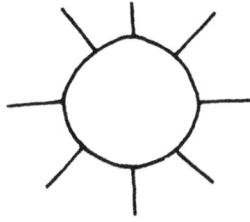

जंग

❑

बर्तनों पर सिरका लगाए। उन्हें धूप में सुखाकर रखें, बर्तन में जंग नहीं लगेगा।

❑

बुझे चूने में मिट्टी मिलाकर बर्तनों को साफ करने से जंग के दाग दूर होते हैं।

❑

इमामदस्ते को काम में लाने के बाद नमक और सरसों का तेल लगाकर रखना ठीक रहता है, इससे न तो जंग लगता है और न ही इसमें मक्खी-मच्छर बैठते हैं।

❑

पुराना जंग छुड़ाने के लिए बर्तन को गंधक के अम्ल से साफ करके पत्थर से रगड़ना चाहिए। तरल पैराफिन में जंग लगे भाग को भिगोने से भी जंग छूट जाता है।

❑

बरसात के दिनों में बर्तनों, चाकू और चम्मचों पर लगा जंग छुड़ाने के लिए उन पर कच्चा आलू मल दें। इसके साथ बर्तन मांजने के पाउडर का भी आप उपयोग कर सकती हैं।

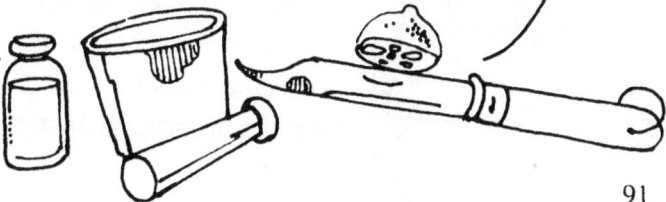

कुछ जरूरी हिदायतें

टेलीफोन

❑

टेलीफोन के पास टाइमपीस, कैलेंडर, एक डायरी व पैन अवश्य रखें। संदेश आदि के साथ-साथ जब भी बाहर फोन करें, सेकिंड और मिनट डायरी में नोट कर दें, बिल चैक करने में आसानी रहेगी।

परदा

❑

परदा सीधा न रह पाता हो, तो उसके नीचे के किनारे पर संगमरमर के टुकड़े या बेकार पड़ी चाबियां लटका दें।

❑

हर परदे में अस्तर लगाने से अच्छा है कि अस्तर आप अलग लगाएं और उसे एक छल्ला छोड़कर दूसरे में पिरोएं।

❑

परदा आसानीं से न खिसकता हो, तो रॉड पर कपड़े से पैराफिन लगाकर उसे मुलायम कपड़े से अच्छी तरह रगड़कर पोंछें, छल्ले आसानी से सरकेंगे।

प्रैस

❑

बिजली चले जाने पर प्रैस करना मुश्किल हो जाता है, ऐसी स्थिति में पुरानी बिना तार वाली इस्त्री लेकर उसे गैस की लपटों में गर्म करें और उससे कपड़े प्रैस करें।

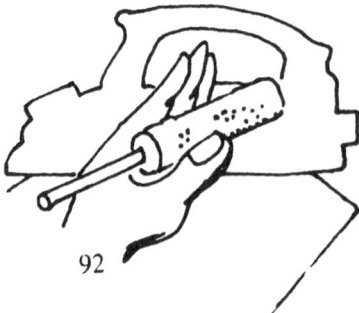

❑

प्रैस करते समय कपड़ा प्रैस पर चिपक जाए, तो एक सींक पर थोड़ी-सी रूई लपेटकर मिट्टी के तेल में भिगो लें, फिर इसे गर्म प्रैस पर रगड़ें, कपड़ा छूट जाएगा। ऐसा तभी करें जब प्रैस गर्म हो। रूई को किसी चीज पर लपेटकर ही प्रैस पर लगाएं, नहीं तो हाथ जल जाएगा।

❏

बहुत अधिक बटन वाले कपड़े पर प्रैस करनी हो, तो उस पर तौलिया डालकर प्रैस करें, बटन खराब नही होंगे।

लिफाफे

❏

यदि बरसात के दिनों में डाक-पत्रों को डालने से पहले पतों पर मोम घिस दें तो पते गीले होकर मिटेंगे नहीं।

❏

मार्किंग स्याही से लिखे पते फैले नहीं, इसके लिए पहले उन्हें सिलाई आदि से लिखें, फिर वहां मार्किंग स्याही से लिखें, फैलेगी नहीं।

❏

बरसात में लिफाफे यदि चपक जाएं, तो उन पर गर्म प्रैस फिराएं, लिफाफे अलग-अलग हो जाएंगे।

सिलाई

❏

सिलाइयों की नोक खराब हो जाने पर उस पर नेलपॉलिश लगा दें, नोक ठीक हो जाएगी।

❏

मैगनेट का छोटा-सा टुकड़ा सारी सूइयों को एक जगह समेटकर रखेगा।

❏

यदि आप सिलाई कर रही हैं तो पहले एक सफेद चादर नीचे बिछा लें, इससे गिरी हुई पिनें, सूई, धागे और हुक आदि को खोजने में आसानी रहेगी।

❏

कभी अचानक तुरपाई की आवश्यकता पड़े, तो वहां अपने आप चिपकने वाला टेप प्रयोग करें।

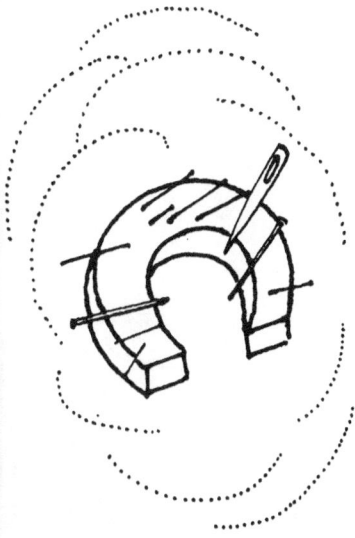

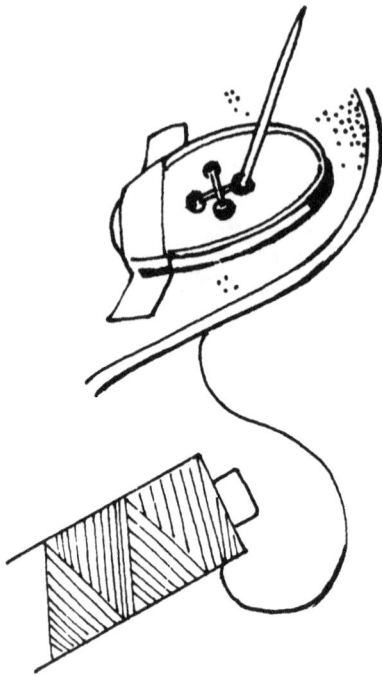

सिलाई वाली जगह पर बटन को टांकने से पहले उसे जमाए रखने के लिए सेलोटेप से ढक दें, पहला टांका लगाने के बाद टेप हटा दें।

ढीले किस्म के कपड़ों पर सिलाई करने के लिए सिलाई वाली जगह पर पहले सेलोटेप लगाएं, फिर सिलाई करने के बाद उसे हटा दें, सिलाई साफ आएगी।

कार्डबोर्ड के लिफाफे सिलाई पैटर्न रखने के लिए विशेष उपयोगी हैं। कागज पर बनी पैटर्न को काटकर लिफाफे के बाहरी हिस्से पर लगा दें, ताकि अंदर रखे डिजाइन का आसानी से पता चल सके।

रंगीन कपड़े का बटन टूटने पर यदि उस रंग का धागा नहीं है, तो उसे सफेद धागे से टांग दें और फिर उस रंग की पेंसिल या बॉलपैन से धागे को रंग दें।

काले कपड़े पर फूल काढ़ना हो, तो सफेद कागज पर चूने का हल्का-सा लेप लगा दें, जब वह सूख जाए, तो कागज को कपड़े पर रखकर फूल उतारें, फूल साफ उतर आएगा।

यदि मशीन का तेल खत्म हो गया हो, तो दो बूंद सरसों का तेल, दो बूंद नारियल का तेल, दो बूंद मिट्टी का तेल और आधी बूंद पैट्रोल मिलाकर मशीन में डालें।

काज बनाने के लिए काज वाले स्थान पर रंग रहित नेलपॉलिश लगाएं। सूखने पर उस स्थान पर कट लगाएं, तो काज सफाई से कटेगा और रेशे नहीं निकलेंगे।

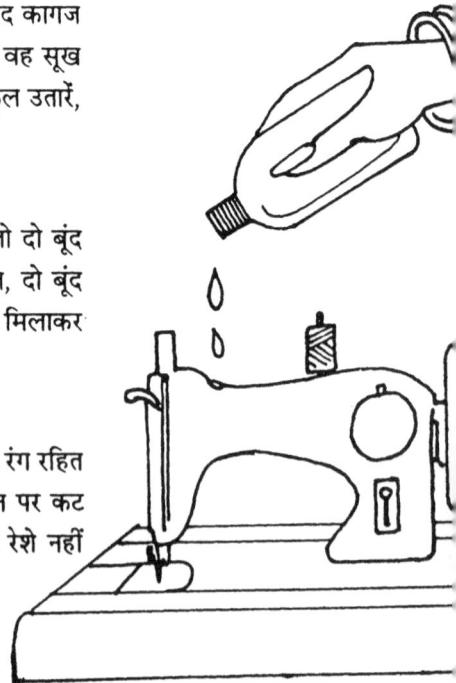

94

❑
सादा सूइयों को जमीन पर गिरने से ढूंढना बहुत मुश्किल होता है। लाख गर्म करें, सूइयों का पीछे का हिस्सा लाख में डुबोकर निकाल लें, खूबसूरत दो रंग की सूइयां तैयार हो जाएंगी।

❑
बच्चों के फ्राक-कमीज आदि के काज के चारों और लेजी-डेजी की कढ़ाई कर दें, तो बटन लगने पर फूल का एहसास होगा।

❑
मोटे कपड़े पर सिलाई आसानी से हो, इसलिए सिलाई वाले स्थान पर जरा-सा मोम रगड़ें, सूई आसानी से चलेगी।

❑
तकिए भरवाते समय रूई में थोड़ा कपूर डलवा दीजिए, तकिए गर्मियों में ठंडे रहेंगे और उनमें खटमल भी नहीं होंगे।

❑
रंग-बिरंगी बुनाई का स्वेटर बुनने से पहले जरा-सा ऊन का टुकड़ा गीला करके निचोड़कर सफेद कपड़े पर कसकर लपेट दें। सुबह तक ज्ञात हो जाएगा, किस ऊन का रंग निकलता है।

❑
सफेद ऊन बुनते समय सिलाई और हाथों पर जरा-सा टेल्कम पाउडर लगा लें, पसीने से सफेद ऊन खराब नहीं होगी।

सैल

❑
प्रयुक्त बैटरी-सैल के समाप्त होने पर उन्हें एल्यूमिनियम की प्लेट में रखकर धूप में रख दें, वे फिर से काफी हद तक चार्ज हो जाएंगीं।

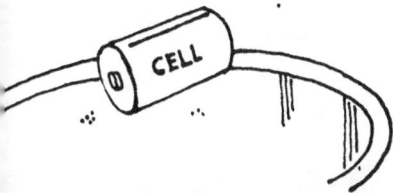

□

कैमरे में अधिक शक्ति वाले सैल लगते हैं, वे जब उपयोग में न आ रहे हों, तब उन्हें फ्रिज के मक्खन वाले स्थान पर रखें, फ्रिज का तापमान उपयोग हुए ह्रास को यथाशक्ति कम करेगा।

□

पेंसिल टार्च को मोमबत्ती की लौ पर नैगेटिव तरफ से पांच मिनट गर्म करें, वह फिर से काम करने लगेगी।

सेलोटेप

□

सेलोटेप का छोर नहीं मिल रहा हो, तो कुरेद-कुरेद कर सारा टेप न खराब करें उसे कुछ देर के लिए फ्रिज में रख दें, छोर अलग उठ जाएगा। इससे टेप की क्षमता भी बढ़ जाती है।

□

दीवार आदि पर से सेलोटेप के छोटे-छोटे टुकड़े हटाने के लिए उस पर गर्म प्रैस करें, वॉल-पेपर या पेंट को बिना खराब किए टेप आसानी से निकल जाएगा।

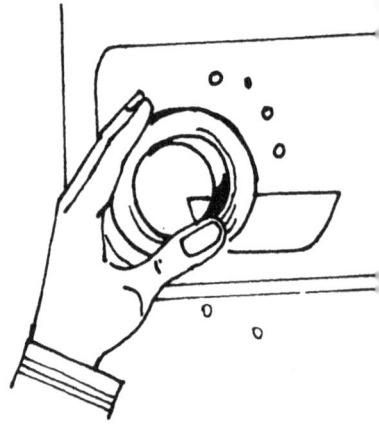

सफर

□

सफर में बस-ट्रेन आदि में चढ़ने से पहले पर्स की डोरी अपने दुप्पटे या साड़ी के पल्लू के साथ बांध लें। पर्स के खींचे जाने या गिरने का डर नहीं रहेगा।

□

सफर में दो-तीन प्लास्टिक की थैलियां अवश्य रखें, बहुत काम देती हैं।

□

बस में सफर करते समय सामान को अपने से सामने वाली रैक पर रखें, जिससे आसानी से आप उस पर नजर रख सकें।

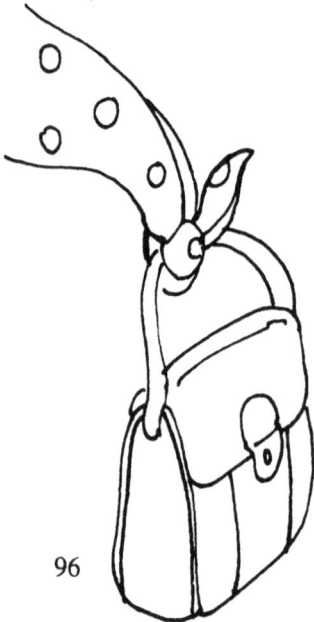

❑

सफर में साथ ले जाने वाले कैमरे या ट्रांजिस्टर पर हमेशा अपने नाम-पते की स्लिप चिपका दें। कभी कहीं भूल जाने पर वह यदि किसी अच्छे आदमी के हाथ लग जाएगा, तो वह उसे आप तक पहुंचा देगा।

❑

सफर करते समय अपने पर्स में भीगा नैपकिन पॉलिथिन में डालकर रखें। नैपकिन पर यू डी कोलोन या गुलाब जल की कुछ बूंदे छिड़क लें। यह खाना खाने के बाद हाथ पोंछने या चेहरे की गर्द पोंछने के काम आएगा।

❑

सब्जी लेने बाजार जाएं, तो कई प्लास्टिक की थैलियां साथ ले जाएं। अलग-अलग थैली में अलग-अलग सब्जी डालें, छांटने का झंझट नहीं रहेगा।

कॉर्क

❑

अगर किसी बोतल का कॉर्क एक बार बाहर निकलकर दोबारा भीतर न जा रहा हो, तो उस बोतल के मुंह पर कॉर्क लगाकर गर्म पानी डालिए, मुलायम होकर कॉर्क आसानी से अंदर चला जाएगा।

कील

❑

कील ठोक़ने से पहले एक गहरा-पतला गड्ढा बनाइए। इसे एम-सील से भर दीजिए। वह गीली हो तभी कील घुसा दीजिए, दो-तीन घंटे सूखने दीजिए, मजबूत रहेगी।

❑

दीवार पर कील ठोकने से पहले उसे गुनगुने पानी में थोड़ी देर के लिए डुबो दें, इससे दीवार का प्लास्टर उखड़ेगा नहीं।

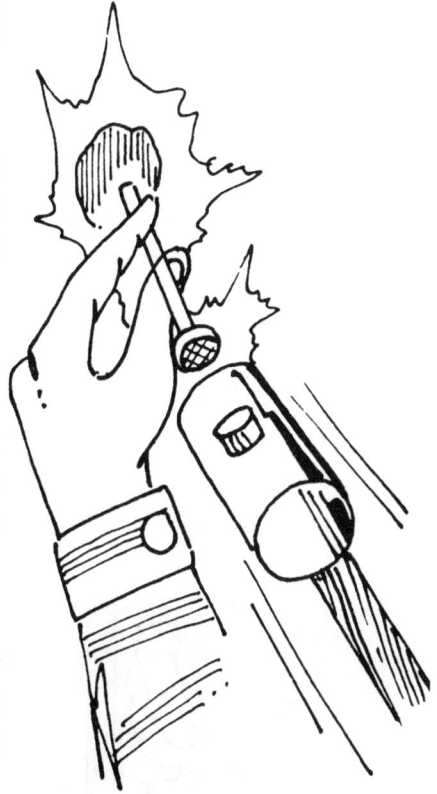

◻

कील ठोकने के लिए कील को बॉबी पिन से पकड़िए, इससे उंगलियों पर हथौड़ी लगने की संभावना नहीं रहेगी।

◻

कील ठोकने के बाद यदि प्लास्टर उखड़ गया है और आपके पास प्लास्टर नहीं है तो दीवार पर सीधे ट्यूब से थोड़ा-सा टूथपेस्ट लगा दें, फैले हुए पेस्ट को तुरंत साफ कर दें और फिर सूखने के बाद पेस्ट पर उसके मेल खाते रंग से पेंट कर दें।

कांटा

◻

यदि फांस या कांच का टुकड़ा पैर या हाथ में चुभ गया हो, तो उस स्थान पर फेवीकोल की पर्त लगा दें। जब फेवीकोल उस स्थान पर सूख जाए, तब सावधानी से पर्त उतार दें, तिनका या कांच फेवीकोल के साथ बाहर निकल जाएगा।

◻

यदि पैर में कांटा चुभ जाए, तो गुड़ व अजवाइन मिलाकर बांध दें, कांटा अपने-आप बाहर आ जाएगा।

◻

यदि शरीर के किसी हिस्से में कांटा लग जाए, तो उस स्थान पर हींग का घोल मल दें, कुछ समय में कांटा स्वत: बाहर निकल जाएगा।

तस्वीर

◻

तस्वीर को दीवार पर टांगते समय आप उसके पीछे जो रस्सी बांधें, उसकी गांठ पर लाख लगाएं, गांठ पक्की हो जाएगी और तस्वीर के एकाएक खुलकर गिरने का भय भी नहीं रहेगा।

□

पेंटिंग करते समय यदि ब्रश को रातभर अलसी के तेल में भीगा रहने दें, तो वह अधिक चलेगा।

□

किसी भी तरह की पेंटिंग करते समय बीच में काम रोकना पड़े, तो रंगभरा ब्रश सूखकर ऐंठ जाता है। इसलिए ऐसी स्थिति में हमेशा ब्रश को पतली एल्यूमिनियम फॉयल में लपेटकर रखें। इससे ब्रश कम सूखेगा और दोबारा आसानी से इस्तेमाल हो सकेगा।

□

तैल-चित्रों को साफ करने के लिए उस पर कच्चे आलू के टुकड़े ठंडे पानी में डुबोकर लगाएं, फिर उन्हें मुलायम कपड़े से पोंछ दें।

□

तैल-चित्रों को साफ करने के लिए एक समय में उनका थोड़ा हिस्सा ही साफ करें। रूई में तारपीन का तेल या सफेद स्प्रिट लेकर इन तैल-चित्रों को साफ करें।

मोमबत्ती

□

मोमबत्ती को देर तक उपयोग में लाने के लिए, उस पर नमक मलें।

□

प्राय: मोटी मोमबत्तियां दरार के कारण खड़ी नहीं हो पातीं और बेकार हो जाती हैं। इन मोमबत्तियों में दरार के दोनों भागों को स्पर्श करती हुई दो पेपर पिन थोड़ी गर्म करके तिरछी घुसा दें, मोमबत्तियां पुन: इस्तेमाल के योग्य हो जाएंगी।

□

मोमबत्तियों को धुआं रहित बनाने के लिए उन्हें साबुन के गाढ़े घोल में जरा देर भिगो दें, सुखाकर फिर जलाएं। घोल में बत्ती न भिगोएं।

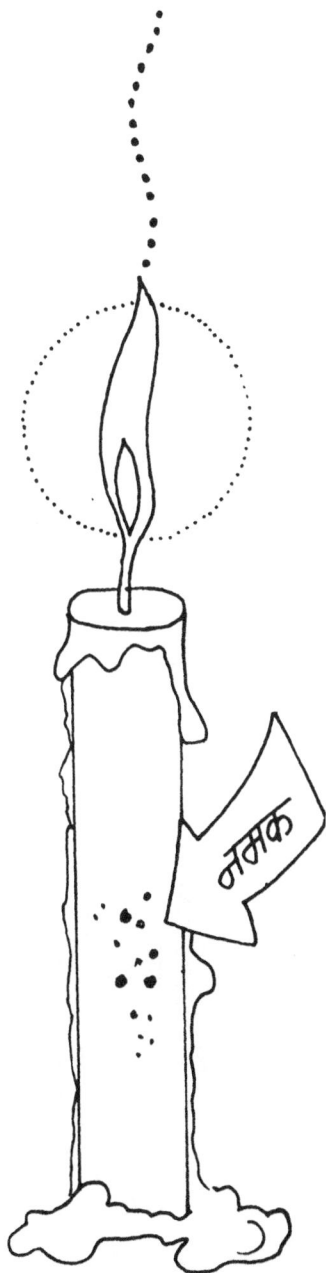

धूल

❑

गर्मियों में हवा चलने से चारों और धूल-ही-धूल हो जाती है। दरवाजे बंद करें और दरवाजे के नीचे गीला कपड़ा रख दें, धूल अंदर नहीं जाएगी।

झाड़ू

❑

घर की सफाई करने से थोड़ी देर पह्ले अगर झाड़ू गीली कर ली जाए, तो उससे अधिक सफाई होगी व धूल भी नहीं उड़ेगी। सफाई के बाद झाड़ू को धोकर रख दें, वह मुलायम रहेगी।

❑

झाड़ू बांधने वाली डोरी को फेवीकोल मिले पानी से बांधें, झाड़ू कसी रहेगी।

❑

फूल झाड़ू जब पुरानी हो जाए और कम लंबी रह जाए, उसे चिकना फर्श धोने के काम में लें, सींक वाली झाड़ू से अधिक साफ धुलाई होगी, सूखने पर झाड़ू पूर्ववत् हो जाएगी।

छाता

❑

चौथाई बाल्टी पानी में एक बड़े चम्मच अमोनिया का घोल तैयार करें। बहुत दिनों से बंद पड़े छाते पर उस पानी से ब्रश करें, छाता साफ हो जाएगा।

❑

आप अपने छातों और बरसातियों को नया रूप दे सकती हैं। एक चम्मच गम अरेबिक और दो चम्मच सिरका मिलाकर इस घोल में एक-एक कप गर्म पानी मिलाएं। इसे अच्छी तरह फेंटें। फिर छाते या बरसाती पर इसे पेपर ब्रश की मदद से लगाएं और सूखने दें, आपका छाता वॉटर प्रूफ हो जाएगा।

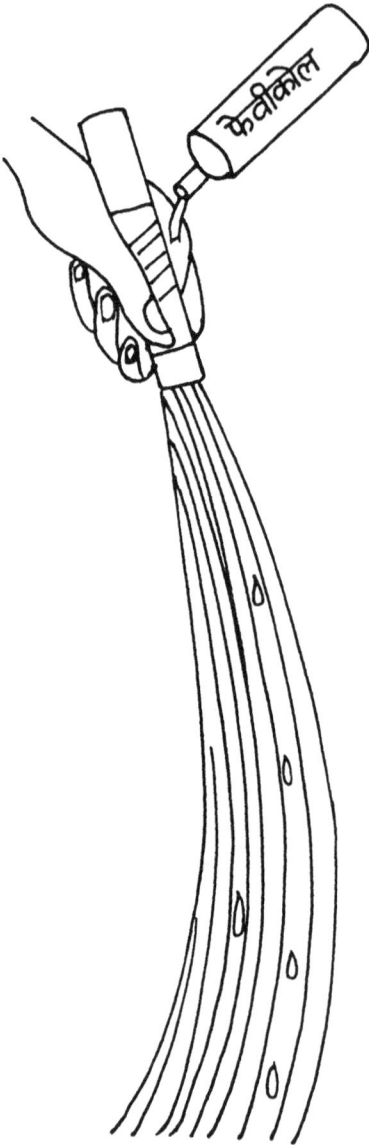

□

बरसात के दिनों में गीले छाते को रखना एक मुसीबत होती है। सदा एक प्लास्टिक की थैली पर्स में रखें, छाता रखने में आसानी रहेगी।

□

छाते की तीलियों पर हल्का-सा पेट्रोलियम लगा दें, बरसाती पानी से जंग नहीं लगेगी।

धार तेज करना

□

मिक्सी में थोड़ा पिसा नमक समय-समय पर पीसें, ब्लेड की धार तेज रहेगी।

□

आरी की धार तेज करने के लिए उसके दांतों पर मोमवाली फर्नीचर पॉलिश सावधानी से मलें या मोमबत्ती के छोटे टुकड़ों को धार पर रगड़ें।

□

कैंची की धार तेज करने के लिए कांच की बोतल को कैंची से काटने की चेष्टा करें। शीशे से टकरा-टकराकर कैंची तेज हो जाएगी।

□

रेजर ब्लेड की धार तेज रखने के लिए रेजर को ब्लेड सहित शीशे के गिलास में बोरेक्स मिले पानी में रखें।

जूता

□

नए जूतों के तलों को हल्के-से सेंडपेपर से रगड़ दें, जूते फर्श पर फिसलेंगे नहीं।

□

यदि स्वेड के जूते साफ करने हों, तो उन्हें पहले अखबार के कागज से भर लें।

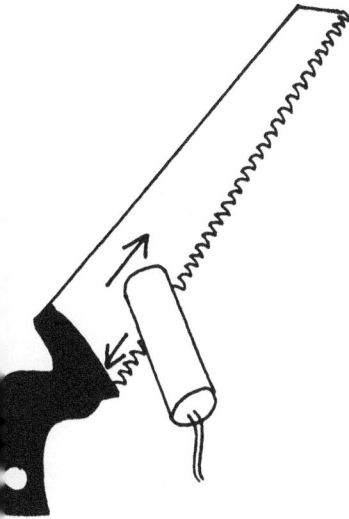

❑

नए जूतों पर पॉलिश की चमक न आ रही हो, तो उन पर आधा नीबू रगड़कर धूप में सुखा लें, फिर पॉलिश करें।

❑

जूतों को पॉलिश करने के बाद कुछ देर धूप में रख दें, पालिश अधिक चमक देगी।

❑

जूतों को वाटर प्रूफ बनाने के लिए थोड़ा-सा मोम व अलसी का तेल मिलाकर जूतों के तले में रगड़िए।

❑

बूट-पॉलिश टूटकर टुकड़े-टुकड़े हो गई हो, तो घंटे भर के लिए उसे धूप में रखें, फिर थोड़ा-सा तारपीन का तेल डालकर किसी चीज से थप-थपाकर उसे एक-सा कर दें।

❑

जूतों से पसीने की बदबू हटाने के लिए टैल्कम पाउडर और बेकिंग सोडा बराबर हिस्से में लेकर जूतों में डालकर कुछ घंटे छोड़ दें, फिर हिलाकर झाड़ दें।

❑

जहां जूते काटते हों, उस स्थान पर एक पतला स्पंज का टुकड़ा रख दें।

❑

जूते के फीते का टिप निकल जाने पर सेलोटेप का छोटा-सा टुकड़ा फीते के सिरे पर लपेट दीजिए।

❑

जूते के फीते बांधने के बाद गांठ पर एक बूंद पानी डाल दें, गांठ न कसेगी और न ही खिसकेगी।

❑

जूतों पर पॉलिश से पहले पैट्रोल रगड़ें, जूते चमक जाएंगे।

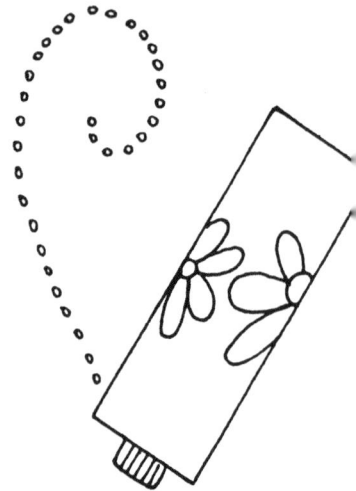

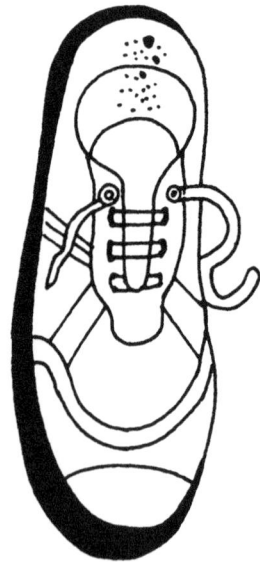

❏

जूतों के किनारे पर वार्निश लगा दें, अधिक दिन तक चलेंगे।

❏

बरसात के दिनों में गीले जूते और चप्पलों को फ्रिज के पीछे की ग्रिल के पास रखें, गर्म हवा उन्हें सुखा देगी। वहां छोटे कपड़े व रूमाल आदि भी यदि जल्दी सुखाने हैं, तो रखे जा सकते हैं।

❏

स्वेड के जूते, पर्स आदि घुमा-घुमाकर सेंडपेपर से साफ किए जा सकते हैं।

गंध

❏

चाकू और छुरी से प्याज की गंध आ रही हो, तो लौंग पीसकर या तवे पर थोड़ी अजवाइन डालकर चाकू को उस पर रख दें, लौंग और अजवाइन की धूनी प्याज की गंध समाप्त कर देगी।

❏

बर्तनों से प्याज की गंध आ रही हो, तो उन्हें नमक मिले पानी से धोएं, दुर्गंध दूर हो जाएगी।

❏

लहसुन व प्याज की गंध मुंह से दूर करने के लिए छोटा-सा गुड़ का टुकड़ा चबाइए, दुर्गंध दूर हो जाएगी।

❏

सिलबट्टे पर से प्याज और लहसुन की गंध निकालने के लिए उस पर कच्चा आलू मलें।

❏

जिन बर्तनों से मछली की गंध आती हो, उन्हें पानी में एक चम्मच राई डालकर धोएं।

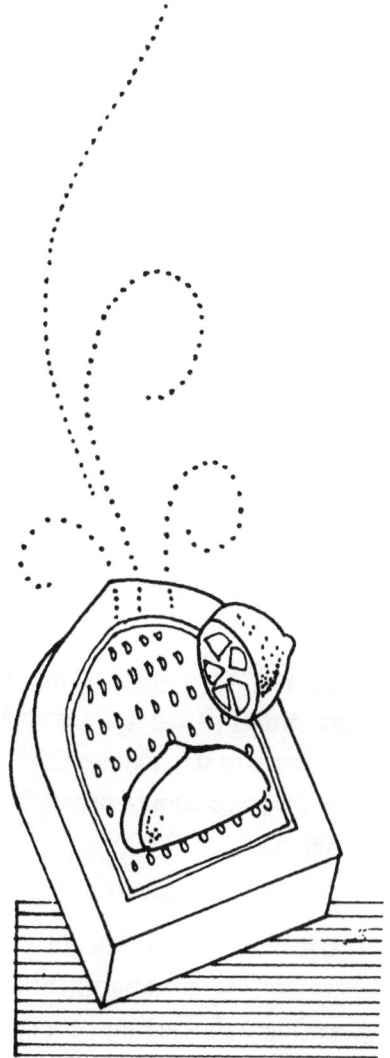

❑
मछली की गंध हाथों से मिटाने के लिए पहले बेसन से हाथ धोइए, फिर साबुन से।

❑
फ्रिज में से खाने-पीने की गंध मिटाने के लिए बेकिंग पाउडर का भरा हुआ डिब्बा खोलकर उसमें रख दें।

❑
फ्रिज की गंध मिटाने के लिए रूई में वनीला एसेंस लगाकर फ्रिज में रखें।

❑
रसोई में से खाना बनाने के बाद यदि अजीब-सी गंध आती है, तो गर्म तवे पर चुटकी भर कॉफी डालकर जलाएं, गंध दूर हो जाएगी।

❑
रसोई में सभी फलों के छिलके कुछ देर पानी मे उबालिए, सुगंध फैली रहेगी।

❑
कभी-कभी बर्तन से अंडे की बदबू आने लगती है, बर्तन को कुछ देर के लिए आग की लौ दिखाएं तब साफ करें, बदबू गायब हो जाएगी।

❑
यदि बर्तनों में से कच्चे अंडे की बदबू आ रही है तो उसे सिरका मिले पानी से धोएं या कपड़े पर सिरका लगाकर उससे मलें। इस्तेमाल की हुई चाय की पत्ती को गीला करके भी बर्तन साफ करने से गंध दूर हो जाती है।

❑
ऑमलेट बनाने के लिए जब अंडे का घोल बनाएं, तब उसमें नीबू के रस की चार-पांच बूंदें डाल दें। इससे खाते और बनाते समय तथा बाद में भी बर्तनों से बदबू नहीं आएगी।

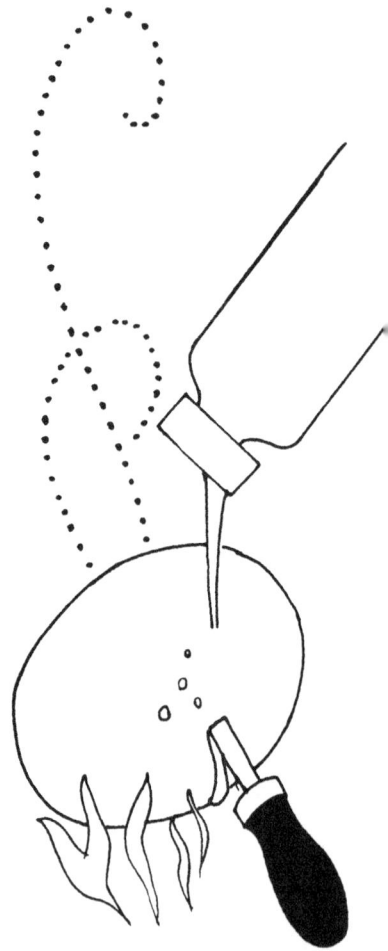

❏

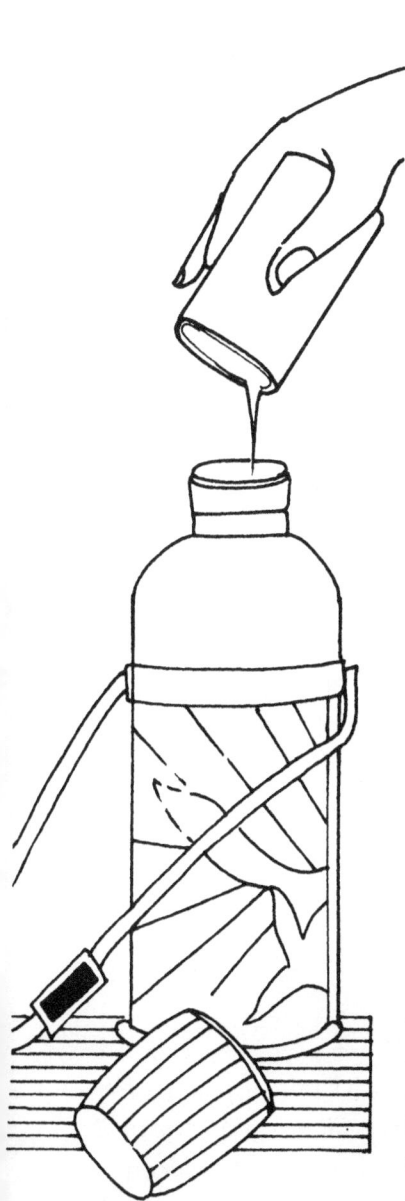

खुले बर्तन में दो कप पानी में थोड़ी-सी पिसी लौंग या दालचीनी मिलाकर उसे उबालें, इसकी महक से अंडा आदि बनाने की महक जाती रहेगी।

❏

यदि तलने के समय किसी वस्तु से तीव्र गंध निकलती हो, तो नम अखबार की तह स्टोव के ऊपर रख लें, अखबार सब गंध सोख लेगा।

❏

साबुन से धोने पर भी यदि अचार के मर्तबान से गंध नहीं जाती, तो उस पर मिट्टी का लेप अंदर की ओर करके कुछ समय धूप में रख दें और बाद में धो लें, मर्तबान पूर्णतया गंधरहित हो जाएगा।

❏

थर्मस में से यदि बू आ रही हो, तो छाछ में नमक मिलाकर उससे थर्मस को धोइए, बदबू गायब हो जाएगी।

❏

किसी शीशी आदि से मिट्टी के तेल की बदबू हटानी हो तो उसे कपूर मिले खौलते पानी में डुबोकर पोंछ दें।

❏

मिट्टी के तेल की गंध सिरके के इस्तेमाल से जाती रहती है। धूप से भी यह गंध खत्म हो जाती है।

❏

हाथ से मिट्टी के तेल की गंध हटाने के लिए एक चम्मच दही या मक्खन दो मिनट तक मलें, फिर साबुन से धो लें।

❑

बर्तन से मिट्टी के तेल की गंध आ रही हो, तो नमक व साबुन का चूरा बराबर मात्रा में डाल दें, फिर उसमें जरा-सा खाने वाला सोडा डालकर रगड़कर साफ करें और बर्तन धूप में रख दें, गंध दूर हो जाएगी।

❑

किसी वस्तु में मिट्टी के तेल की गंध आती हो, तो कपूर की टिकिया रगड़कर यों ही रख दें, कपूर उड़ने के साथ-साथ तेल की गंध भी दूर हो जाएगी।

❑

प्लास्टिक के बर्तन से मिट्टी के तेल की गंध मिटानी हो, तो उसमें सिरका लगाकर धूप में रख दें, कुछ देर बाद वाशिंग पाउडर से बर्तन धो दें।

❑

मिट्टी के तेल की गंध हाथ से मिटाने के लिए. उस पर पान का पत्ता मलें.

❑

किसी बर्तन से मिट्टी के तेल की बदबू हटाने के लिए उस पर सरसों का तेल मलें।

❑

अलमारी से सीलन की गंध मिटाने के लिए प्याले में चूना डालकर अलमारी में रख दें, एक ही रात में चूना गंध सोख लेगा।

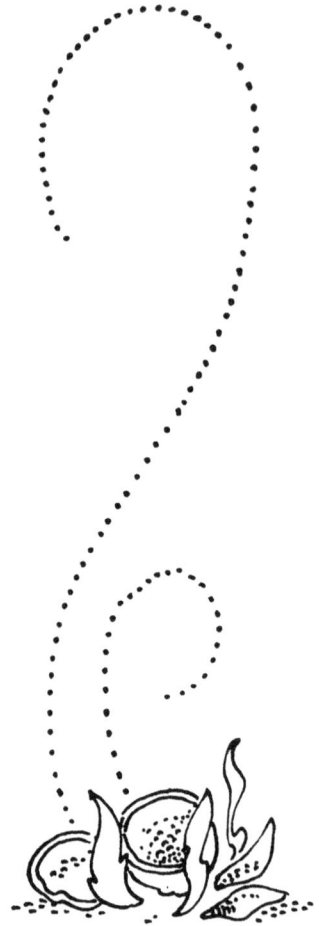

❑

ताजे पेंट किए कमरे से पेंट की गंध दूर करने के लिए एक प्लेट में ताजी कच्ची प्याज काटें और कमरे में रख दें। एक बार में असर न करे, तो प्याज बदल दें। पेंट की गंध दूर हो जाएगी, साथ ही प्याज की भी गंध नहीं फैलेगी।

❑

कमरे में संतरे के सूखे छिलके जलाएं, भीनी-भीनी गंध रहेगी।

❑

कमरे से सिगरेट की गंध और धुआं दूर करने के लिए कमरे में मोमबत्ती जलाएं।

❑

कमरे में सिगरेट की गंध न फैले, इसके लिए एशट्रे में एक चम्मच बेकिंग सोडा रखें।

❑

घर में जहां चूहा मरता है, उस स्थान पर बहुत देर तक बदबू रहती है, उस स्थान को सिरके मिले पानी से धोएं।

❑

दवाइयों और उल्टी की गंध दूर करने के लिए फिनाइल या नमक और सोडा मिलाकर पानी से पोंछा लगाएं।

❑

कुत्ता, बिल्ली आदि पालतू जानवर यदि कपड़े या बिस्तर पर बैठ जाएं, तो विशेष गंध आने लगती है अत: उस जगह पर बेकिंग सोडा छिड़ककर दस मिनट बाद झाड़ दें।

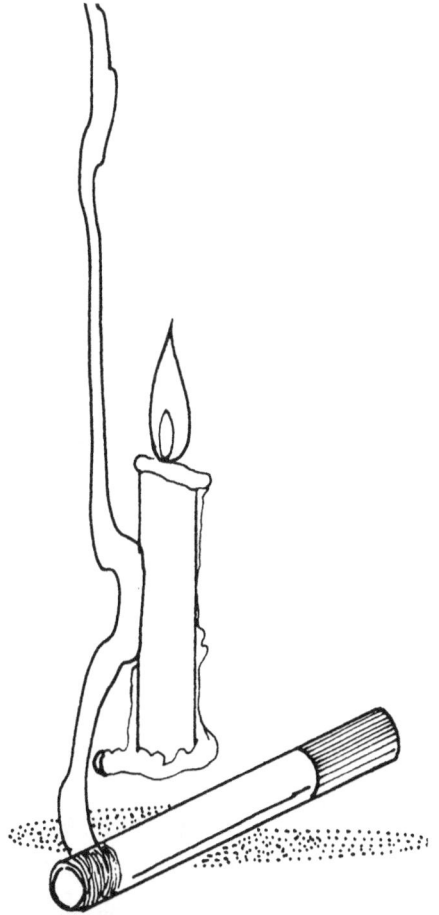

❑

नालियों, सीवर, गटर आदि की दुर्गंध के लिए एक किलो ग्राम पिसा नमक, ढाई सौ ग्राम पानी व आधा लीटर घासलेट का मिश्रण सीवर में डाल दें, बदबू तुरंत दूर हो जाएगी।

❑

कूड़ेदान से बदबू आती हो, तो उसके पेंदे में नमक छिड़कें।

❑

कभी-कभी धातु के कूड़ेदान से बहुत बदबू आती है। उस गंध को मिटाने के लिए अखबार का कागज जलाकर कूड़ेदान उसके ऊपर औंधा रख दें, दुर्गंध खत्म हो जाएगी।

❑

पुराने पड़े इत्र या परफ्यूम की दो-तीन बूंद गुसलखाने में डालिए, महकता रहेगा।

❑

बाथरूम से दुर्गंध आती हो, तो एक मग पानी में नीबू का छिलका डालकर खिड़की के पास रख दें, भीनी-भीनी गंध आती रहेगी।

❑

गैस पर दूध उबलकर जलने की गंध घर में फैल जाती है, अत: गैस पर थोड़ा नमक व सोडा छिड़क दें।

गैस लाइटर

❑

यदि गैस लाइटर खराब हो गया हो और उसमें से चिंगारी नहीं निकल रही हो, तो उसमें जरा-सा पैट्रोल डालकर साफ करें, वह फिर से काम करने लगेगा।

❑

गर्म पानी की बोतल में जब पहली बार पानी भरें, तो उस पानी में एक चम्मच ग्लीसरीन मिला दें, इससे बोतल की रबड़ अधिक दिन चलती है।

गोंद

❑

गोंददानी में गोंद अक्सर उपयोग में न आने से सूख जाती है। यदि उसमें थोड़ा-सा सिरका मिला दिया जाए, तो वह फिर उपयोग के योग्य बन सकती है।

गैरेज

❑

गैरेज में फैले तेल के ऊपर अखबार बिछा देने से अखबार सब तेल सोख लेगा और वह स्थान साफ हो जाएगा।

कीमती उपकरण

❑

वाशिंग मशीन, वी. सी. आर. आदि के स्विचों एवं निशानों पर सेलोटेप लगा दें, बार-बार हाथ लगाने से वे मिटेंगे नहीं।

❑

अपने कीमती उपकरण के अंदर छोटा-सा कागज नाम लिखकर अवश्य रखें। खोने पर या चुराए जाने पर आसानी से पहचाना जा सकेगा।

कैसेट

❑

कैसेट की किर्र-किर्र की आवाज पांच मिनट के लिए फ्रीजर में रख देने से कुछ हद तक कम की जा सकती है।

❑

कैसेट का रिबन टूटने पर घबराएं नहीं, सेलोटेप से दोनों सिरों को नीचे की ओर चिपकाएं, आपका कैसेट पुन: काम करने लगेगा।

कंघे

❑

गंदे कंघे को किसी बाल्टी या टब में रखकर उस पर तेज गर्म पानी डाल दें, उसमें थोड़ा-सा कपड़े धोने का पाउडर भी डाल दें, कंघा साफ हो जाएगा।

❑

यदि कंघे बहुत गंदे हो गए हों, तो एक बाल्टी में थोड़ा पानी डालकर उसमें एक चम्मच खाने का सोडा डालें। कंघों को कुछ देर तक उस पानी में पड़ा रहने दें, फिर उसे तेज पानी की धार में धो लें, यदि फिर भी कुछ गंदगी रह जाए तो टूथब्रश से साफ कर दें।

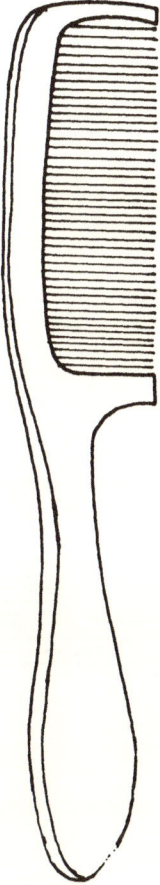

■■

मिलावट की पहचान

❑

दूध खालिस है या नहीं यह जांचने के लिए इसमें एक बूंद टिंचर आयोडीन डालें, यदि वह सफेद रहे तो दूध खालिस है, यदि बैंगनी रंग में बदल जाए, तो मिलावट है।

❑

घी में भी टिंचर मिलाने से यदि रंग बदलता है, तब उसमें मिलावट है।

❑

कॉफी पाउडर को एक मग पानी में डालें, यदि काफी शुद्ध होगी, तो कुछ देर जमी रहेगी, ऊपर ही तैरेगी, कुछ मिलावट होगी तो नीचे बैठ जाएगी।

❑

चाय की पत्तियों में अक्सर रंग मसली पत्तियां और लकड़ी या लोहे का बुरादा मिला होता है। पत्ती में मिलावट तो नहीं है यह जांचने के लिए गीले ब्लाटिंग पेपर पर पत्ती फैला दें यदि पत्ती रंग छोड़ दे तो रंगी हुई समझें। लोहे का बुरादा देखने के लिए उस पर चुंबक फिरायें। लकड़ी का बुरादा पानी में डालने पर तैरने लगेगा।

❑

हल्दी में प्रायः पीला रंग मिला होता है, रंग मिला है या नहीं यह जांचने के लिए पानी में थोड़ा-सा हाइड्रोक्लोरिड एसिड मिलाकर उसमें हल्दी डालें। पानी यदि बैंगनी रंग का हो जाए, तो मिलावट है।

❑

शुद्ध हींग जल जाती है, पानी में डालने पर दूधिया हो जाती है।

❑

शुद्ध नमक पानी में घोलने पर घुल जाएगा।

110

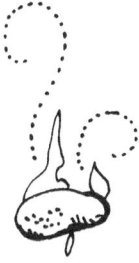

❏
गीले ब्लाटिंग पेपर पर मिर्च रगड़ें, ब्लाटिंग पेपर यदि लाल हो जाए, तो मिर्च में रंग मिला है।

❏
शुद्ध शहद पानी में डालने पर बैठ जाता है, आंख में डालने पर जलन होती है।

❏
हींग यदि आग में डालते ही सुगंध देने लगे, तो असली है।

पौधे

❏
पौधों को कीड़ों से बचाने के लिए घर के लॉन में उगे हुए जहरीले पौधों, झड़े हुए सूखे पत्तों और सूखी टहनियों आदि को जलाकर धुआं करें। कीड़े भी मर जाएंगे और राख भी प्राप्त होगी।

❏
बगीचे की, खासकर रास्ते के बीच में उगी घास-पतवार को हटाने का सबसे अच्छा उपाय यह है कि हर रोज वहां पर गर्म पानी डालें, कुछ दिनों में सारी घास-पात खत्म हो जाएगी।

❏
अपने गुलाब की क्यारियों में कीटनाशक दवा का छिड़काव करते समय बोतल में कुछ बूंदें साबुन के घोल की मिला लीजिए, इससे स्प्रे करते समय दवा फूलों और पत्तियों की सतह पर चिपक जाएगी, नहीं तो सारी दवा इधर-उधर बिखरकर जमीन पर गिर जाती है।

❏
घर के अंदर रखे पौधों में महीने में एक बार जिलेटिन पाउडर डालिए, वे मुरझाएंगे नहीं।

❑
गमले में मिट्टी भरते समय नाखूनों में साबुन भर लें, नाखून आसानी से साफ हो जाएंगे।

❑
पौधों को एक स्थान से दूसरे स्थान पर ले जाते समय फूल-पौधों की कलम को पॉलिथिन की थैली में रखें। पहले थैली में फूंक मारकर हवा भर दें फिर उसका मुंह बंद कर दें। थैली में हवा की नमी की वजह से कलम या पौधा सूखेगा नहीं।

❑
पौधों की गांठों को नायलॉन के मौजों में रखें, उन्हें हवा और रोशनी पर्याप्त मात्रा में मिलती रहेगी।

❑
फूलों को तोड़ने के एकदम बाद उन्हें उल्टा पकड़ें, फूल की डंडी को ठीक-ठाक करने के बाद उन्हें आधे घंटे तक पानी में रखें। फिर किसी पॉलिथिन में लपेटकर थोड़ी देर के लिए उन्हें फ्रिज में रख दें। उसके बाद उन्हें फ्लॉवरपॉट में लगाएं।

❑
तोड़ने पर जिन टहनियों में से पानी निकलता है, उनके कटे हिस्से को रेत या जमीन में गाड़ देना चाहिए, उबलते पानी में भी इन टहमियों को रखकर उस पानी को निकलने से रोका जा सकता है।

❑
गुलाब और लार्कास्पर आदि की टहनियों को बीच में से एक इंच चीरकर पानी में रखें।

❑
बहुत कोमल फूलों की टहनियों को कागज में लपेटकर एक इंच तक गुनगुने पानी में दो-तीन मिनट डुबोकर ठंडे पानी में रखें।

❏

फूल सुखाने से पूर्व उन्हें कम-से-कम एक घंटे तक ठंडे पानी में रखें व एक-दो बार टहनियों को काटें। इससे उसमें हवा बंद हो जाती है, पानी टहनी के ऊपर चढ़कर फूल तक नहीं पहुंच पाता और फूल मुरझा जाता है।

❏

यदि फूलों को पिन होल्डर की सहायता से सजाना है, तो टहनी सीधी काटनी चाहिए। अगर पिन होल्डर में नहीं सजाना है, तो उसे तिरछी ही काटें।

❏

फूलों के साथ सजाने के पत्तों व फर्न आदि को एक घंटे से अधिक देरी तक ठंडे पानी में डूबे रहने दें।

❏

जिस गुलदान में फूलों को सजाना हो, उसे व पिन होल्डर को अच्छी तरह साफ अवश्य कर लें। फूलदान को प्रतिदिन गुनगुने पानी से भरें, फूल अधिक दिन चलेंगे।

❏

शक्कर व नमक प्रतिदिन पानी में मिलाएं।

❏

तांबे के गुलदान में फूल अधिक दिन तक ताजा रहेंगे।

❏

पानी में हवा के बुलबुले न बनने दें। इससे हवा डंडी के सिरे में पहुंच जाती है, जो फूलों को पानी नहीं लेने देती।

❏

पुराने हेयर रोलर एक साथ बांधकर फूलदान में रख दें, उनमें फूल लगाएं, अच्छा पिन होल्डर रहेगा।

113

❑

पिसी एस्पिरीन, तांबे के सिक्के और बर्फ के टुकड़े ताजे कटे फूलों की जिंदगी बढ़ा देते हैं।

❑

कटे फूलों के पानी में एक चम्मच सफेद सिरका और जरा-सा गुड़ मिलाएं, यह सर्वोत्तम टॉनिक है।

❑

गुलाब के फूलों की नीचे की पत्तियां हटा दें, वे अधिक दिन तक चलते हैं।

❑

गुलाब के फूलों को अधिक दिन ताजा रखने के लिए उनके किनारों पर जरा-सा नारियल का तेल या ग्लीसरीन लगाएं।

❑

गुलदस्ते में सजे फूलों की डंडी प्रतिदिन नीचे से जरा-सी काट दें, फूल अधिक दिन तक ताजा रहेंगे।

❑

घर लाने पर यदि फूल मुरझाए से लगें, तो उन्हें कुछ देर के लिए भीगे अखबार में लपेटकर पानी भरी बाल्टी में खड़े कर दें, सुबह तक ताजे हो जाएंगे।

❑

चौड़े मुंह के गुलदस्ते में फूल लगाने से पहले यदि सेलोटेप का चारखाना-सा बनाकर उसमें डंडियां लगाई जाएं, तो वे गिरेंगी नहीं।

❑

गर्म पानी में खाने का रंग मिलाकर कटे फूलों की डंडियां उसमें रख दें, कुछ घंटों बाद फूलों पर दूसरा रंग चढ़ जाएगा।

❑
गुलदस्ते में सजे फूलों पर यदि नीबू का रस निचोड़ दिया जाए, तो फूल अधिक समय तक ताजे रहेंगे।

❑
फूलों को तोड़ने से पूर्व यह अच्छी तरह देख लें कि वे न तो अधिक या पूरे खिले हों और न ही कली के रूप में हों। ठीक समय पर तोड़े गये अधखिले फूल अधिक समय तक ताजा रहते हैं।

❑
स्पाइक वाले फूल जैसे ग्लैडीफेला, लर्कस्पर आदि तब तोड़ें जब उनके नीचे के फूल खिले हों तथा ऊपर से वे बंद कली के रूप में हों।

❑
पॉपी को कली के रूप में ही तोड़ें।

❑
डेलिया व क्रीसेंथमम को तीन चौथाई खिलने के बाद तोड़ें क्योंकि डाल से तोड़ लेने के बाद ये खिलते नहीं हैं।

❑
डेलिया और पॉपी की टहनियों को दस-पंद्रह सेकिंड़ के लिए गर्म पानी में अवश्य रखें।

❑
कॉरनेशन के फूल के पानी में जरा-सा बोरिक एसिड डालें, फूल अधिक दिन तक ताजे रहेंगे।

❑
नारियल जूट को पानी में भिगोकर मनीप्लांट में डालने से वह बहुत जल्दी बढ़ता है।

❑
जिस पानी में अंडे उबाले जाते हैं, वह पौधों के लिए खाद का काम करता है।

❑

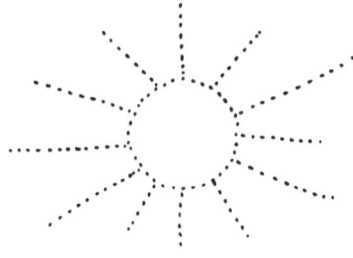

अंडे के छिलके एक जग पानी में डालकर रातभर रखे रहने दें। सुबह वह पानी पौधों में डालें, पौधों के लिए यह अच्छी खाद का काम करेगा।

❑

यदि घर के सजावटी मछली घर का पानी बदल रहीं हों, तो उसे फेंकने के बजाय पौधों में डालें। यह सस्ती और अच्छी खाद है।

❑

एक चम्मच कैस्टर ऑयल डालकर खूब सारा पानी डालें, पत्ते वाले पौधों में चमक आ जाएगी।

❑

चाय की पुरानी पत्तियां पौधों के लिए खाद का काम करती हैं।

❑

एक पौधे के तने के पास चार-पांच माचिस की तीलियों का मसाले वाला भाग मिट्टी में गाड़ दें, कीड़ों से बचाव रहेगा।

❑

यदि आप कुछ दिन के लिए बाहर जा रही हैं और पौधों में पानी देना मुश्किल है, तो मिट्टी को मौसमी घास से ढककर और अच्छी तरह पानी डालकर छांह में रख दीजिए, पौधे सूखेंगे नहीं। प्रत्येक गमले में पानी से भरा स्पंज का टुकड़ा रख देने से भी पौधों को कई दिन तक नमी मिलती रहेगी। गमले यदि कम हों, तो ऊन का एक छोर गमले में गाड़ दें और दूसरा छोर पानी से भरी बाल्टी में डाल दें। बाल्टी ऊंचाई पर रख दें। बूंद-बूंद पानी गमले में पहुंचता रहेगा।

❑

एक बड़े पुराने टब में पानी भरकर गमले उसमें रख दें। उसे किसी ठंडे स्थान पर रखना बेहतर होगा। यदि गमले अधिक हैं तो बाथरूम में गेहूं की बोरी या टाट गीले करके बिछा दीजिए और उस पर गमले रख दीजिए। बाथरूम की एक खिड़की खोल दीजिए और एक प्लास्टिक की पाइप नल में लगाकर बूंद-बूंद पानी टाट और बोरी के बीचो-बीच छोड़ दीजिए, वापस आने पर आपके पौधे ताजे मिलेंगे।

■■

पुरानी वस्तुओं का नया उपयोग

❑

टूटे दर्पण के टुकड़ों का उपयोग शीशे के काम की कढ़ाई में करें।

❑

नायलॉन के मोजों में छेद करके दस मोजों में डोरी डालने के बाद कसकर बांध लें, इस गुच्छे को लकड़ी में बांधकर पोंछा बनाएं।

❑

बच्चों के बड़े होने के बाद, प्राम गाड़ी को लकड़ी की ट्रे लगाकर ट्राली के रूप में बदलें।

❑

चटके हुए ग्रामोफोन रिकॉर्ड बजाने के काम नहीं आ सकते। उन पर कोई चित्र पेंट कर लें और दीवार पर टांग लें।

❑

कमीज को नीचे से खोलकर सिल लें। हेंगर पर लटकाएं। चाहें तो बटन हटाकर जिप लगाएं, अच्छा धोबी के कपड़ों का थैला बन जाएगा।

❑

यदि आपके पास पुराना टॉवल हो और काम में लाना चाहें, तो तह कर उसमें सादा फोम डालकर चारों तरफ से सिल दें, पायदान तैयार है।

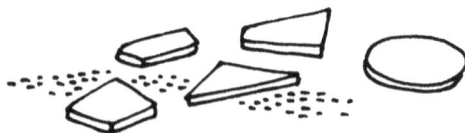

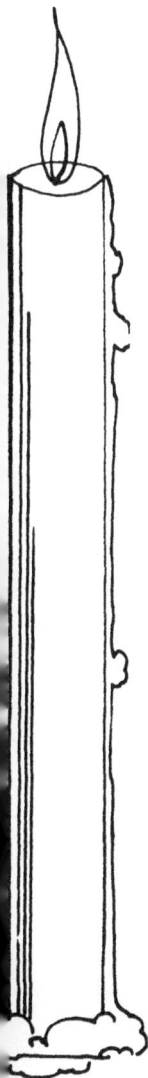

❑

मोमबत्ती जलाने के बाद आधा मोम यूं ही बिखर जाता है। आप उस मोम को इकट्ठा कीजिए। रूई की बत्ती बनाइए, ऊपरी हिस्सा बटकर पतला कीजिए, निचला फैलाकर चौड़ा कीजिए। एक दिये में बत्ती रखकर उस पर ऊपर से पिघला मोम डाल दीजिए एक नयी मोमबत्ती तैयार है।

❑

मोजे यदि उंगलियों के पास से फट जाएं, तो उंगलियों वाला हिस्सा काट दीजिए। कोहनी या एड़ी की चोट लगने पर बांधी गई पट्टी को गंदा होने से बचाने के लिए मोजे को एड़ी या कोहनी पर चढ़ाइए।

❑

बच्चों के स्कूल-बैग को बर्फ कूटने का थैला बनाइए। गर्म पानी की बोतल खराब होने पर मुंह वाला हिस्सा काटकर बर्फ कूटने का थैला बनाइए।

❑

तरल मस्कारा समाप्त हो जाए, तो शीशी को तुरंत न फेंकें। एप्लीकेटर यानि ब्रश पर एक-दो बूंद बेबी ऑयल डालकर ब्रश को शीशी में डालिए। इस तरह एक-दो बार लगाने के लिए आसानी से मस्कारा उपलब्ध हो जाएगा।

❑

कपड़ों में नील लगाने के बाद पानी को सफेद कपड़े के जूते साफ करने के काम लाइए। उससे सफेद टाइल्स पोंछिए और फर्श पर पोंछा लगाइए, चमक आ जाएगी।

❑

कान खुजाने के लिए प्रयुक्त की जाने वाली बड फैंकिए मत, उस पर से पुरानी रूई हटाकर दूसरी रूई लगाइए और नेलपॉलिश हटाने या डिटॉल आदि लगाने के काम में लाइए।

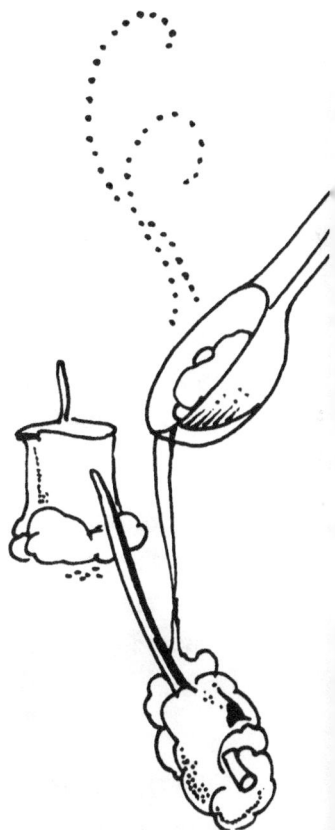

❑
पुराने कैलेंडर से खूबसूरत पिक्चर पोस्टकार्ड बनाइए। पीछे के सादा हिस्से पर धारियां खींचकर पता लिखने का हिस्सा बनाइए। इनसे शादी-ब्याह में शगुन देने के लिए सुंदर लिफाफे भी बनाए जा सकते हैं।

❑
बच्चों के बड़े होने पर उनकी जाली पापड़ आदि सुखाने के काम में लाइए। इससे मक्खी, मच्छर और चिड़िया आदि से बचाव होगा।

❑
साबुन के छोटे-छोटे टुकड़े मोजे में भरकर कपड़े धोने की मशीन में डाल दें, साबुन घुल जाएगा और टुकड़े काम में आ जाएंगे।

❑
उपयोग की हुई एल्युमिनियम फॉयल फेंकिए नहीं, उसको गोल-गोल बनाइए और उससे बर्तन साफ कीजिए, दाग-धब्बे आसानी से छूट जाएंगे।

❑
पुरानी प्लास्टिक की स्लेट पर पहले कोई कपड़ा चढ़ाइए फिर उस पर कोई पेंटिंग चिपका दीजिए और लटका दीजिए दीवार पर वॉलहेंगिग की तरह। मनकेवाली स्लेट इसके लिए ज्यादा उपयोगी सिद्ध होगी।

❑
विक्स खत्म हो जाने पर जब कभी जुकाम हो जाए या नाक बंद हो जाए, तो शीशी का ढक्कन खोलकर शीशी नाक पर लगाइए और सांस खींचिए, खाली शीशी इन-हेलर का काम करेगी।

❑

विम की या डिटर्जेंट की खाली थैली पर थोड़ा-सा डिटर्जेंट पाउडर लगाकर रगड़ने से वाश वेसिन व सिंक मिनटों में चमक जाएगा और प्लास्टिक की बाल्टी की चिकनाई कुछ ही देर में गायब हो जाएगी।

❑

टूथपेस्ट की ट्यूब जब खाली हो जाये, तो उसे पीछे से काटकर उसमें पानी भरिए, अच्छी तरह हिलाकर रंख दीजिए। खाना खाने के बाद कुल्ला करते समय ट्यूब के पानी की दो-चार बूंद मुंह में डालकर ब्रश कर लीजिए, फिर मुंह साफ पानी से धो लीजिए, आपका मुंह फ्रैश हो जाएगा।

❑

सेंट की खाली शीशी खोलकर कुछ दिन के लिए बाथरूम में रख दीजिए, बाथरूम में बदबू नहीं आएगी। इसे कपड़ों के बीच में रख दीजिए, कपड़ों में खुशबू बनी रहेगी।

❑

रसगुल्ले के डिब्बे में बची हुई चाशनी छानकर आप हलवे में डाल सकती हैं।

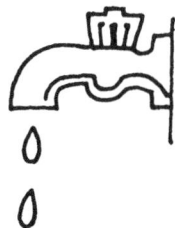

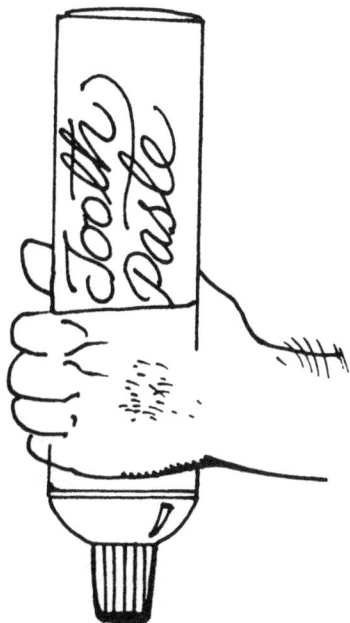

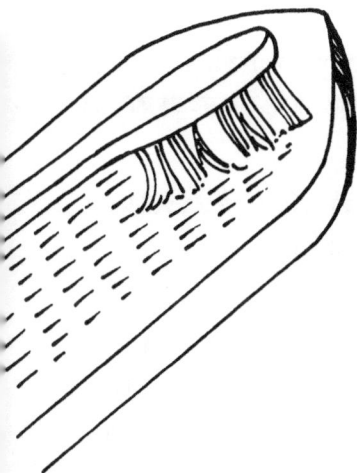

पुराना टूथब्रश

❑

सिल पर दाल आदि साफ करने के लिए पुराना टुथब्रश काम में लाएं। ब्रश से सिल को रगड़ते जाएं व पानी डालते जाएं।

❑

टूथब्रश को फर्नीचर के काम में प्रयोग होने वाले तेल या तारपीन के तेल में डुबोकर लकड़ी के फर्नीचर की दरारों व छेदों पर लगाएं, इससे उनमें छिपी गंदगी आसानी से दूर हो जाएगी।

❏
बर्तनों के किनारों को साफ करने में टूथब्रश काम आता है।

❏
पुराने टुथब्रशे को मिट्टी के तेल में भिगोएं और गंदे बिजली के स्विच साफ करें, उससे करंट भी नहीं लगेगा तथा स्विच भी नए-से चमक उठेंगे।

❏
पुराने टूथब्रश से सिल, कद्दूकस और वॉश वेसिन में नल के पीछे का हिस्सा आदि आसानी से साफ किए जा सकते हैं।

❏
ब्रश पर साबुन पानी लगाकर कंघा साफ करें।

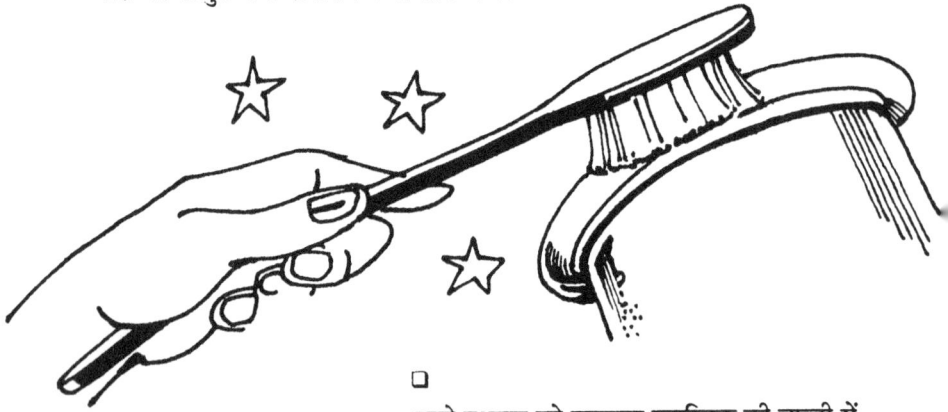

❏
पुराने टूथब्रश को जलाकर प्लास्टिक की बाल्टी में छेद होने पर उस पर टपका दें, छेद बंद हो जाएगा।

❏
पुराने टूथब्रश से मटकी आदि का भी छेद इसी प्रकार ठीक किया जा सकता है।

❏
किसी बर्तन में नमक मिला पानी डालकर उसमें टूथब्रश डाल दें, वह जल्दी खराब नहीं होगा।

सोने के जेवर

- सोने के जेवर साफ करने के लिए उन्हें पहले मुलायम कपड़े से पोंछ लें फिर हल्दी पाउडर लगाकर मुलायम कपड़े से रगड़ें, जेवर नए-से चमक उठेंगे।

- सोने के जेवर फिटकिरी के पानी में डुबोकर इमली के रस में धोने से चमक उठते हैं।

- सोने के जेवरों में चमक लाने के लिए उन्हें एक घंटे तक पानी में सिरका डालकर डुबो दें, बाद में ब्रश से साफ कर दें।

- सोने के जेवर रीठे के पानी से साफ करने से बिल्कुल साफ हो जाते हैं।

- सोने के जेवर यदि शक्कर मिले पानी से साफ किए जाएं, तो चमक उठते हैं।

- जड़ाऊ जेवर यदि फीके-फीके लगने लगें, तो उन्हें एक सफेद कपड़े में डालकर कुछ देर भाप दिखाएं, साफ हो जाएंगे।

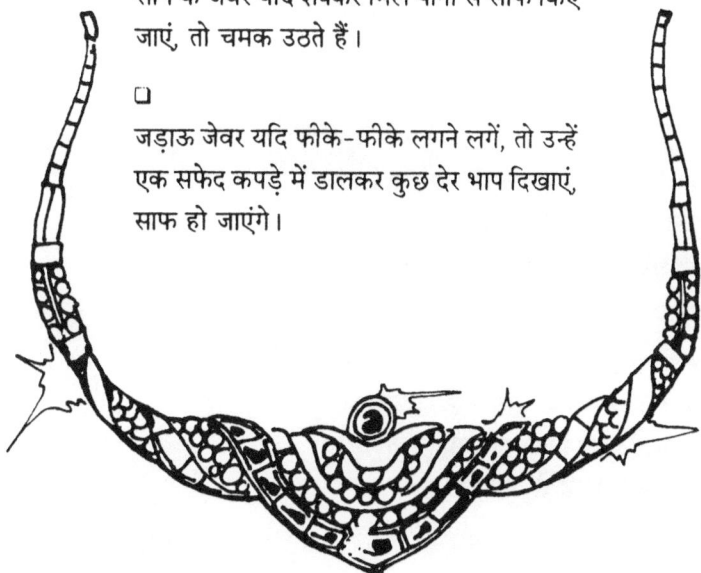

❑
जड़ाऊ जेवर आधा गिलास जिन में डुबो दें, कुछ ही देर में चमक उठेंगे।

❑
यदि सोने की जंजीर में गांठ पड़ जाए, तो गांठ की जगह पर थोड़ा-सा टेल्कम पाउडर डाल दें, गांठ खोलने में आसानी हो जाएगी।

❑
सोने के जेवर नकली जबड़ा साफ करने वाले पदार्थ 'सुपरडेंट' से साफ करें।

❑
सोने के जेवर एक चम्मच सर्फ एवं एक चम्मच हल्दी डालकर जरा देर गर्म करें फिर कुछ देर बाद ब्रश से साफ कर दें।

चांदी के जेवर और बर्तन

❑
चांदी के जेवर चमकाने के लिए एक बर्तन में खानें वाला चूना, एक नीबू का रस व पानी का घोल बनाएं और उसे गैस पर चढ़ा दें। अब इसमें चांदी के जेवर डालकर कुछ देर उबालें। उबाल आने पर उतार लें। कुछ देर रख दें। फिर ब्रश से रगड़कर धो दें, जेवर चमकने लगेंगे।

❑
चांदी के आभूषणों का कालापन दूर करने के लिए रूई में सिगरेट की राख लेकर आभूषणों पर रगड़िए, कालापन दूर होगा और वे चमकने लगेंगे।

❑
चांदी के जेवर या छोटे बर्तनों को एक लीटर पानी में एक चम्मच नमक व एक चम्मच सोडा डालकर उबालें, पांच मिनट बाद निकालकर साबुन के पानी से धो लें और नर्म कपड़े से पोंछ लें।

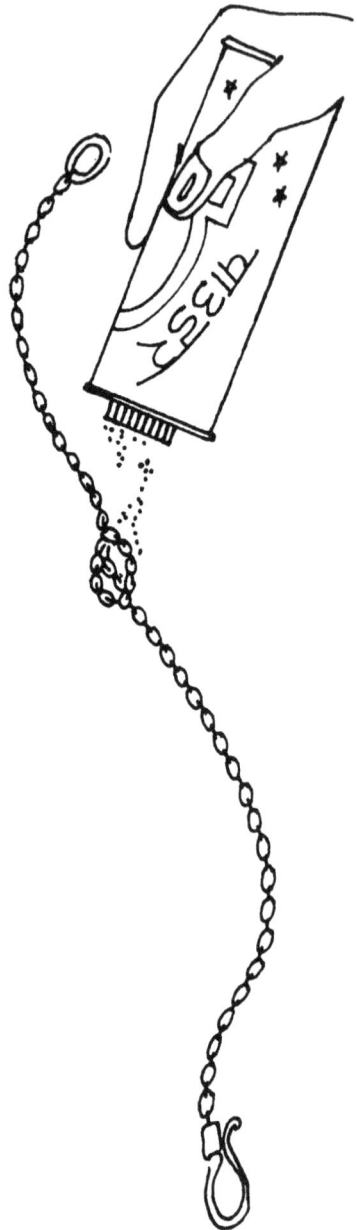

❏

चांदी के जेवर हल्दी और पानी के घोल में डालकर दस-बारह मिनट तक गर्म करें। फिर किसी ब्रश की सहायता से हल्के गर्म पानी से साफ करें, वे चमकदार हो जाएंगे।

❏

चांदी के जेवर काले पड़ने पर उन्हें एक पतीले में डालकर तीन गिलास पानी डालें तथा तीन मध्यम आकार के आलुओं को बारीक काटकर दस मिनट तक जेवरों को उबालें, गहने चमकने लगेंगे।

❏

चांदी के जेवर और बर्तन साफ करने के लिए उबले पानी में सर्फ तथा नीबू का रस डालकर उबालें और थोड़ी देर के लिए जेवर और बर्तन उसमें डाल दें। निकालकर ब्रश से साफ करें और कपड़े में नमक लगाकर रगड़ें। फिर सूखे कपड़े से पोंछ दें।

❏

चांदी के जेवर चमकाने के लिए उन्हें गुड़हल के पत्तों और नमक से रगड़ें।

❏

चांदी की चीजें पनीर के पानी में डुबोकर रखें, फिर साफ पानी से धो दें।

❏

प्रेशर कुकर में पानी भरकर इमली व नमक डालकर चांदी के बर्तन भरकर एक सीटी दे दें, बर्तन चमक उठेंगे।

❏

चांदी की चीजों में कपूर की एक या दो टिकिया रख दें, काले दाग नहीं पड़ेंगे।

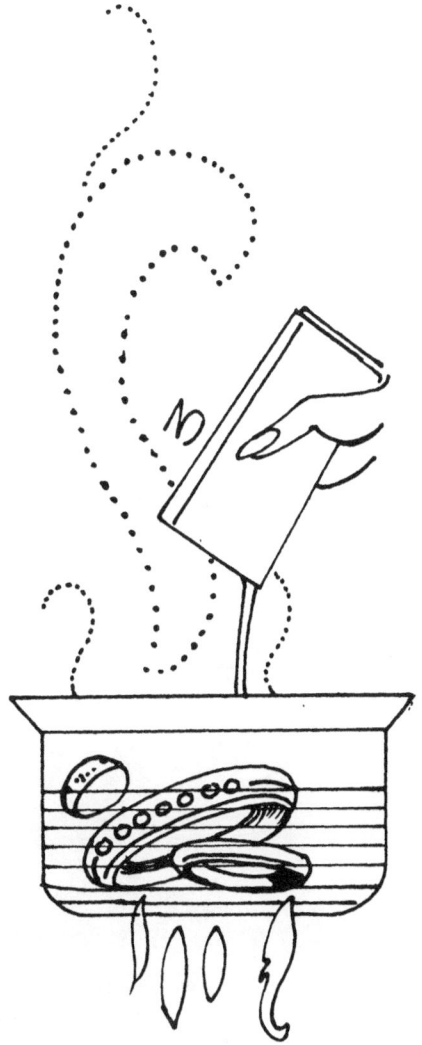

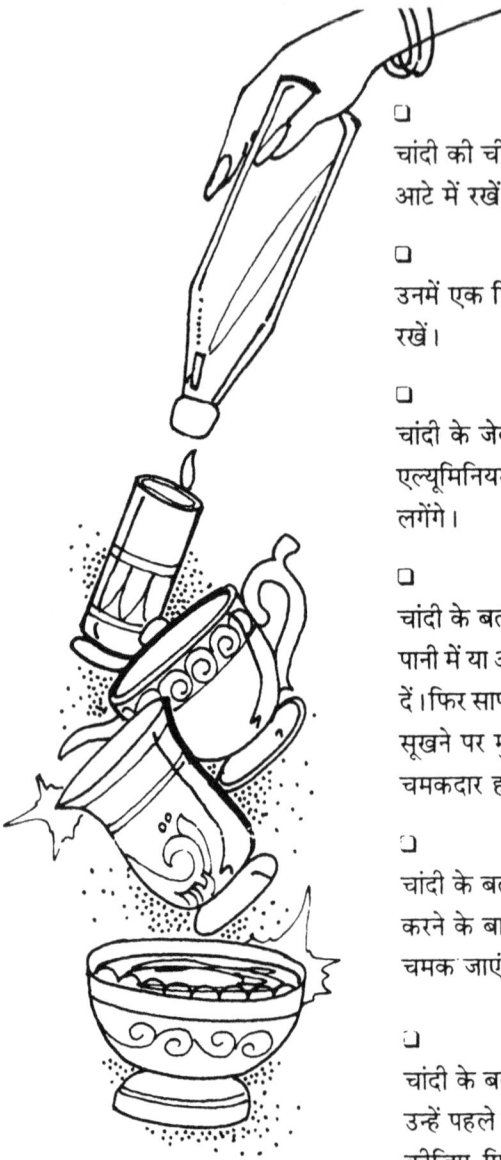

❑

चांदी की चीजें काली न पड़ें इसके लिए उन्हें सूखे आटे में रखें।

❑

उनमें एक फिटकिरी की डली या गंधक की डली रखें।

❑

चांदी के जेवर यदि बहुत गंदे हो गए हों, तो उन्हें एल्यूमिनियम के बर्तन में उबालें, फिर से नए लगने लगेंगे।

❑

चांदी के बर्तनों या जेवरों को दूध मिले जरा गुनगुने पानी में या आलुओं के पानी में आधा घंटा डूबा रहने दें। फिर साफ करके उन पर चूने का लेप कर दें, चूना सूखने पर मुलायम कपड़े से पोंछ दें, वे स्वच्छ व चमकदार हो जाएंगे।

❑

चांदी के बर्तनों या जेवरों को विम पाउडर से साफ करने के बाद रॉबिन ब्लू (नील पाउडर) से रगड़ें, चमक जाएंगे।

❑

चांदी के बर्तनों पर यदि कालिमा आने लगी हो, तो उन्हें पहले गर्म पानी में नमक डालकर ब्रश से साफ कीजिए, फिर सादा ठंडे पानी से धोकर पोंछ दीजिए।

❑

रीठे के पानी में आधा घंटा भिगोकर ब्रश से यदि रगड़ें, तो चांदी के जेवर एवं बर्तन चमकने लगेंगे।

❑

चांदी के जेवर और बर्तनों में चमक लाने के लिए उन्हें मैथीलेटेड स्प्रिट से साफ करें।

126

❑

चांदी का सामान खट्टे दही में आधा घंटा भिगोकर रखें फिर साफ करें, सब मैल साफ हो जाएगी।

❑

चांदी के सामान को खाने वाले सोडे के घोल में भिगोकर यदि आधा घंटा बाद साफ किया जाये तो भी मैल कट जाता है।

❑

चांदी के जेवरों या बर्तनों को सोडा और नमक बराबर मात्रा में (एक चम्मच) डालकर पांच मिनट तक उबालें। फिर ठंडे पानी की धार में साफ कर लें, चमक उठेंगे।

❑

चांदी के बर्तनों को कंडे और नमक से मलें, फिर उन पर पालिश कर लें।

हीरे के जेवर

❑

हीरे के जेवर टूथपेस्ट से साफ करें, चमक उठेंगे।

❑

रीठे के पानी से साफ करने पर भी हीरे के जेवर चमक जाते हैं।

❑

हीरे के आभूषण गर्म पानी में साबुन डालकर उसमें डुबोएं, पुराने टूथब्रश से हल्के हाथ से रगड़ें। फिर अल्कोहल में डुबोकर मलमल के कपड़े से पोंछ दें।

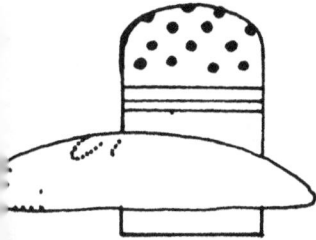

मोती के जेवर

❑

मोतियों या नगों के आभूषण रूई में स्प्रिट लगाकर साफ करें, अधिक चमक आती है।

❑

मोती के गहने चावल के आटे से मलकर साफ करें, पानी न लगाएं।

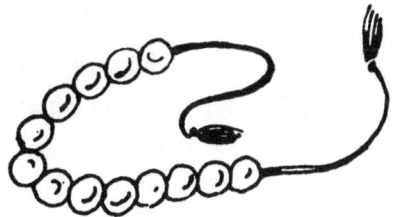

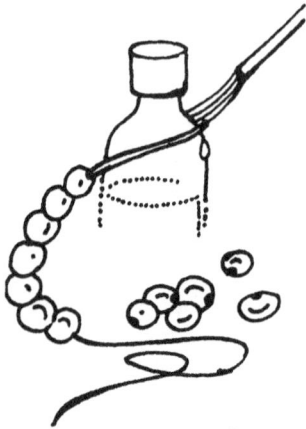

❑
मोती पिरोने के लिए धागे की नोक पर जरा-सी नेलपॉलिश लगा लें, सूई का काम करेगी।

❑
नकली गहने चमकते रहें, इसके लिए उन्हें रूई में लपेटकर रखें।

❑
नकली गहनों पर खरीदते ही हल्की-सी पर्त रंगहीन नेलपॉलिश की चढ़ा दें, वे शीघ्र काले नहीं पड़ेंगे।

कीट रक्षा

❑
शक्कर में अक्सर चींटियां आ जाती हैं। कपूर की पुड़िया बनाकर चीनी या मिठाई के डिब्बे में रख दीजिए, चींटियां नहीं आएंगीं।

❑
चींटियों के लिए जरा-सा बोरेक्स पाउडर या राख हल्दी में मिलाकर चींटियों के निकलने के स्थान पर डालें।

❑
काली चींटियां रसोई में न घुसें, इसके लिए खिड़की पर गंधक का टुकड़ा रख दें।

❑
शहद की बोतल में चींटियां न घुसें, इसके लिए बोतल में दो-चार लौंग डाल दें।

❑
शक्कर के पानी से भीगा स्पंज चींटियों के आने के रास्ते में रख दीजिए। चींटियां उसी में चिपक जाएंगी। स्पंज को बाद में आसानी से फेंका जा सकता है।

❑
सिगरेट की राख चींटी निकलने वाले स्थान पर लगाएं, चींटियां नहीं आएंगीं।

❏

मीठी वस्तुओं के किनारे पर जरा-सा तेल चुपड़ देने से चींटियां खाने के सामान तक नहीं पहुंचतीं।

❏

अलमारी में तेजपत्तों का गुच्छा लटकाएं, मच्छर या चींटियां नहीं पहुंचेंगे।

❏

मच्छरों से बचने के लिए छोटे-से प्याज पर लोबान का तेल लगाकर उसे कमरे में लटका दें।

❏

प्रयोग की हुई मच्छर प्रतिरोधक टिकियों को टीन के डिब्बे में एकत्र कर लें। जिस दिन घर में बिजली न हो, उस दिन एकत्रित की हुई टिकियां एक साथ जलाकर बुझा दें, थोड़ी देर में सारे मच्छर भाग जाएंगे।

❏

गर्म पानी में स्पंज भिगोकर उसे निचोड़ लें, उस पर दो-तीन बूंद लैवेंडर तेल की डालकर कमरे में लटका दें, मच्छर व मक्खियां दूर ही रहेंगे।

❏

मच्छरों को भगाने के लिए पलंग-कुर्सी आदि के नीचे प्याज का रस छिड़क दें।

❏

रात को कमरे में नीम की पत्तियां डालने से मच्छर भाग जाते हैं।

❏

रसोई में से मक्खी व मच्छर भगाने के लिए एक चम्मच कॉफी पाउडर तवे पर जलाकर धूनी दें।

❏

यदि कॉक्रोच बहुत हो गए हैं, तो पुरानी बीयर किसी पतले मुंह की बोतल में भरकर रसोई घर में रख दें, सुबह बोतल कॉक्रोच से भरी मिलेगी।

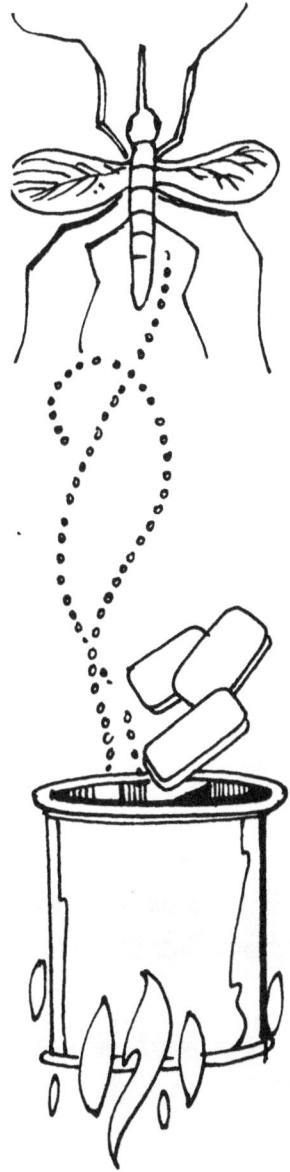

❑
यदि मच्छर भगाने की मशीन नहीं है, तो नाइट बल्ब जलाकर उस पर मच्छर भगाने की टिकिया रख दें, वह मशीन का काम करेगी और मच्छर भाग जाएंगे।

❑
मिक्सी एवं अन्य बिजली के उपकरणों के मोटर वाले भाग में कॉक्रोच घर न बनाएं, इसके लिए पेच खोलकर उसमें एक-दो नैप्थलीन की गोलियां रख दें।

❑
यदि रसोई के सिंक की नाली में दो-तीन फिनायल की गोलियां डाल दी जाएं, तो कॉक्रोच व अन्य कीड़े-मकौड़े, जो प्राय: नाली से रसोई में आते हैं, नहीं आएंगे।

❑
कॉक्रोच से छुटकारा पाने के लिए बोरिक एसिड पाउडर और गेहूं का आटा बराबर-बराबर मात्रा में लेकर दूध में गूंध लें, छोटी-छोटी गोलियां बनाएं और कॉक्रोच जहां अधिक मात्रा में हों वहां रख दें, कॉक्रोच गायब हो जाएंगे।

❑
रसोई में से लालबैग हटाने के लिए कैबिनेटों के किनारों पर बोरेक्स पाउडर छिड़क दें, फिर उन पर भूरा कागज बिछा दें, लालबैग नहीं आएंगे।

❑
चारपाई पर शहतूत के पत्ते बिछा देने से खटमल भाग जाते हैं।

❑
प्याज खाकर सोने से उसकी बदबू से सांप व बिच्छू पास नहीं आते।

❏

घर में चूहे हैं, तो उनके घरों में अर्थात् किताबों की रैक या कपड़ों की अलमारी में फिनायल की गोलियां रखें, चूहे भाग जाएंगे।

❏

फिटकिरी का चूरा चूहों के बिल और घूमने वाले स्थान पर रख दें, चूहे भाग जाएंगे।

❏

चूहे पकड़ने के लिए चूहेदानी में रोटी फंसाते समय यदि रोटी पर जैम या जैली चुपड़ दी जाए, तो चूहे खुशबू के कारण अवश्य फंसेंगे।

❏

खाने की मेज से मक्खी-मच्छर दूर रखने के लिए उसके बीच में पुदीने की पत्तियों का ताजा गुच्छा रखें।

❏

फर्श को फिटकिरी और फिनायल वाले पानी से साफ करें, इससे फर्श पर मक्खियां नहीं बैठतीं।

❏

लकड़ी की अलमारी में दीमक या सील हो गई हो, तो उसमें एक डिब्बा चूना छिड़क दें, दीमक नहीं लगेगी और चूना सील सोख लेगा।

❑

अक्सर दीमक या कीड़े मेज की दरारों में घर कर लेते हैं। उनसे बचने के लिए मिट्टी के तेल में कपड़ा डुबोकर दो-चार बार छेदों में और उनके आसपास की जगहों पर फेरें, इससे कीड़े मर जाएंगे।

❑

मकड़ी छत पर बार-बार जाला न बनाए, इसके लिए मिट्टी के तेल के कपड़े से लिपटी झाड़ू उस स्थान पर रखें।

❑

चावल में कीड़े न लगें, इसके लिए जरा-सा गंधक का टुकड़ा या तेजपात के पत्ते उसके साथ रखें।

❑

कपड़ों की अलमारियों में या किचन की अलमारियों में राख डालने से छोटे-मोटे कीड़े-मकौड़े नहीं आते।

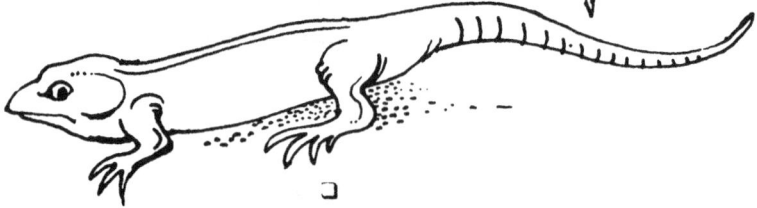

❑

बरसात के समय कुछ छोटे-छोटे कीड़े गद्दों में घुसकर रात के समय परेशान करते हैं, ऐसे में अगर गद्दे के नीचे कुछ काली मिर्चें डाल दें, तो कीड़े परेशान नहीं करेंगे।

❑

अंडे के टूटे हुए छिलके जिस कमरे में होंगे, उस कमरे में छिपकलियां नहीं आएंगीं।

❑

छिपकलियों को दूर रखने के लिए, कमरे में मोर पंख लगाएं।

बाल

❑ सिर धोने के बाद एक चम्मच सिरका आखिरी पानी में मिलाकर धोने से बालों में चमक आ जाती है।

❑ आंवला और आम की गुठली पीस लें। इस लेप को बालों में लगाएं, इससे बालों का सफेद होना व झड़ना रुक जाता है। बाल मुलायम भी होते हैं।

❑ मुट्ठी भर तुलसी के पत्ते पीसकर उसमें एक चम्मच शिकाकाई का चूरा मिलाएं उससे बालों को शैम्पू करें, आश्चर्यजनक रूप से बढ़िया शैम्पू और कंडीशनर तैयार मिलेगा।

❑ बालों को यदि एक डिब्बे गन्ने के रस के सिरके में एक मग पानी मिलाकर धोएं, आपको किसी भी मंहगे कंडीशनर की जरूर नहीं पड़ेगी तथा बालों का झड़ना बिलकुल बंद हो जाएगा।

❑ रात में सूखा आंवला तथा थोड़ी मेथी मिलाकर भिगो दें। सुबह उसे सिल पर महीन पीस लें तथा सिर धोने के लिए इस्तेमाल करें। एक महीने तक इसके इस्तेमाल से बालों की खुश्की खत्म होती है। बाल चमकदार, घने तथा लंबे होते हैं।

❑
बालों को काला करने के लिए लौकी बहुत उपयोगी है। तिल या जैतून के तेल में लौकी का रस मिलाकर थोड़ी देर धूप में रखें। फिर बालों में हल्के हाथों से उसकी मालिश करें। इससे बालों की जड़ें मजबूत होती हैं तथा बाल काले, लंबे व घने होते हैं।

❑
चार चम्मच उपयोग की हुई चाय की पत्ती को और आधे नीबू के रस को एक प्याला पानी में उबालें। इसे अच्छी तरह बालों में मलें, इससे बालों की रूसी ही कम नहीं होगी बल्कि चमक भी बढ़ेगी।

❑
यदि बाल झड़ने की समस्या हो, तो गाजर बालों से रगड़ लें फिर बाल धोएं। इससे न केवल बालों की रूसी नष्ट होगी, बल्कि बाल चिकने, चमकदार व घने भी होंगे।

❑
रूसी हटाने का आसान उपाय है, टेबुल साल्ट सिर में रगड़िए, कुछ देर फिर उसे ऐसे ही लगा रहने दीजिए, फिर शैम्पू से धो दीजिए। यदि सिर में घाव या फुन्सी आदि हों, तो यह प्रक्रिया मत अपनाइए।

❑
फटे दूध के पानी को निकालकर उस पानी से बालों की खुश्की दूर होती है, साथ ही बाल काले और मुलायम हो जाते हैं।

❑
बालों की जूंओं से छुटकारा पाने के लिए रात को सोते समय बालों में तुलसी का रस या नीम की पत्तियों का रस लगाएं। तकिए पर यदि तुलसी के पत्ते बिखेर दें, तो भी जुंओं से मुक्ति मिल जाती है।

❑

अनार के छिलकों को पीसकर साफ शीशी में रख लें। नहाने से एक घंटे पहले पानी में इसका लेप बनाकर बालों में लगाएं, जूएं बालों में ही मर जाएंगीं।

आंखें

❑

दूध और गुलाब-जल बराबर मात्रा में मिलाकर उसकी चार छ: बूंदें आंखों में डालने से आंखों की थकन तथा जलन में तुरंत फायदा होगा।

❑

ठंडी की हुई चाय के पानी में रूई भिगोकर आंखों पर रखें, आंखों की थकन दूर होगी।

❑

कच्चे दूध के फोहे बंद आंखों पर रखें, आंखों की जलन और थकन शांत होगी।

त्वचा

❑

उबले दूध में ताजे संतरे का छिलका, लाल मसूर की दाल और एक चम्मच जैतून का तेल भिगोएं, सुबह पीसकर इस लेप का प्रयोग करें, त्वचा नर्म और चमकदार रहेगी।

❑

दूध में बेसन मिलाकर गाढ़ा लेप तैयार कर लें। उसमें थोड़ा जैतून का तेल, कुछ बूंदे नीबू का रस तथा एक चुटकी हल्दी मिलाकर चेहरे पर लगाएं। फिर आधे घंटे बाद ठंडे पानी से धो लें, चेहरा निखर जाएगा।

❑

गेहूं के आटे को जरा-से दूध में घोल लें। आधा चम्मच शहद मिलाकर चेहरे पर लगाएं, त्वचा निखरी-निखरी मुलायम रहती है।

❑

गुलाब की ताजा पंखुड़ियों को कच्चे दूध में पीस लें। इस लेप को दस मिनट तक चेहरे पर लगाएं, फिर धो डालें, त्वचा कोमल हो जाएगी।

❑

लाल मसूर की दाल को पानी अथवा दही में रातभर भिगोकर रख दें। प्रात: इसे पीसकर इसमें आधा चम्मच हल्दी, जरा-सा फूला हुआ सुहागा, मक्खन अथवा थोड़ा देसी घी डालकर उबटन करें। इसके नियमित प्रयोग से त्वचा चमकदार हो जाती है तथा रंग साफ हो जाता है।

❑

मूंग की धुली दाल दही में भिगोकर रख दें, प्रात: काल इसे पीसकर इसमें हल्दी व मौलश्री के फूलों का रस मिलाकर उबटन करें, इससे त्वचा की मैल साफ होती है।

❑

शहद, वार्ली पाउडर और अंडे का सफेद हिस्सा इन तीनों को मिलाकर घोल बना लें। त्वचा पर सूखने तक लगाएं, फिर धो दें। त्वचा चिकनापन लिए चमकदार हो जाएगी।

❑

चने की दाल दूध में रातभर भिगोएं। सुबह पीस लें और उसमें एक चुटकी हल्दी मिलाकर चेहरे पर उबटन लगा लें, रंग निखरने लगेगा।

❑

अंडे की जर्दी में आधा चम्मच जैतून का तेल और आधा चम्मच शहद मिलाएं इस मिश्रण का लेप करें। यह सूखी त्वचा के लिए बहुत उपयोगी है।

❑

दूध में चिरौंजी भिगोकर पीस लें। फिर इस लेप को कुछ देर तक लगाकर रगड़कर छुड़ाएं, यह उबटन चेहरा चमकदार बनाता है।

❑

पका पपीता या तरबूज का एक टुकड़ा दूध की मलाई में मसलकर साफ बर्तन में कुछ देर तक रहने दें। फिर चेहरे पर लगाएं। यह लेप भी सूखी त्वचा के लिए उत्तम है।

❑

दूध की मलाई में जरा-सी ग्लीसरीन, नीबू की कुछ बूंदें और शहद मिलाकर चेहरे पर और गर्दन पर लगाएं, कुछ ही दिनों में चेहरे पर स्निग्धता आ जाएगी।

❑

खसखस को दूध में भिगो दें। सुबह इसे पीस लें। आधा चम्मच चंदन चूरा मिलाकर इस लेप को पूरे शरीर पर उबटन की तरह मलें, इससे त्वचा स्निग्ध होती है तथा सभी तरह के दाग-धब्बे दूर हो जाते हैं।

❑

दूध में जौ या चावल का आटा घोलकर इसे उबटन की तरह प्रयोग में लाएं, त्वचा कोमल और साफ हो जाएगी।

❑

तिल के तेल में बेसन घोलकर उसे चेहरे पर मलें, कुछ देर बाद उसे रगड़कर उतार दें। चेहरा कोमल तथा चिकना हो जाएगा।

❑

बादाम, गुलाब के फूल, चिरौंजी और पिसा जायफल रात को दूध में भिगो दें। सुबह इसे पीसकर इसका उबटन लगाएं। इससे चेहरे के धब्बे मिटते हैं, साथ ही त्वचा कोमल हो जाती है।

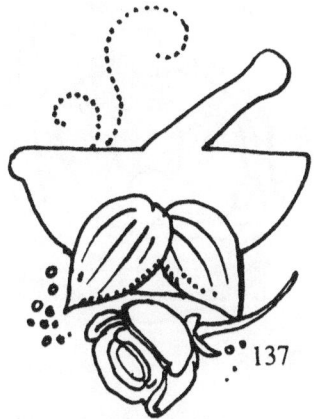

137

❑

हल्दी की गांठ को फोड़कर रात को दूध में भिगो दें। प्रात: इसे पीसकर इसमें एक चम्मच मैदा व सरसों का तेल मिलाकर उबटन बना लें। इसे पूरे शरीर पर मलें, इससे शरीर के बाल कम होते हैं व रंग निखरता है।

❑

मिट्टी के बर्तन में रातभर त्रिफला भिगो दें। प्रात: इसके पानी में कपड़ा भिगोकर उससे शरीर को साफ करें। त्वचा कांतिमय हो जाएगी।

❑

एक चम्मच कैलेमाइन पाउडर, एक चम्मच चावल का आटा और पिसी हुई नीम की पत्तियां, कुछ बूंदें दूध व एक चम्मच शहद इन सबका लेप बनाकर चेहरे पर मलिए, चेहरा कोमल व मुलायम हो जाएगा।

❑

नीम के पत्तों की राख को क्रीम या वैसलीन में मिलाकर चेहरे पर लगाने से कील व फुंसियां दूर होती हैं।

❑

कपूर का एक टुकड़ा शीशी में डालकर ढक्कन लगा दें और किसी गर्म जगह पर रख दें। आधे घंटे में कपूर लोशन बन जाएगा। तब उसे 1/4 सूखे जायफल के पाउडर, 1/4 चम्मच चंदन चूरा और इतने ही हल्दी पाउडर में मिलाकर मुहांसों पर लगाएं, आधे घंटे बाद मुंह धो लें।

❑

कच्चे दूध में जायफल घिसकर चेहरे पर लगाएं। बीस मिनट बाद गुनगुने पानी से धो दें, रंग साफ होगा तथा झाइयां दूर होंगीं।

❑

कच्चे दूध में काले तिल व पीली सरसों बराबर-बराबर मिलाकर पीसें। इनसे चेचक के दाग और मुहांसे मिटते हैं।

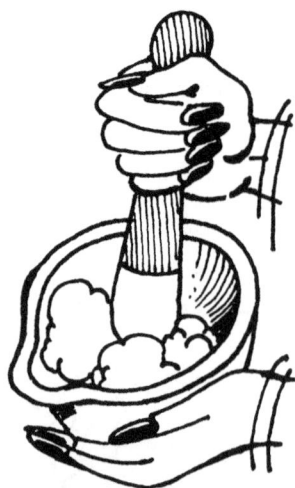

❑

मसूर की दाल पीसकर उस मिश्रण को दूध में फेंटें, फिर उसमें हल्दी फेंटें और चेहरे पर लगाएं। पंद्रह मिनट बाद धो लें, मुहांसों के दाग गायब हो जाएंगे।

❑

आंखों के नीचे का कालापन दूर करने के लिए उन पर गाजर-टमाटर का रस एक-एक चम्मच मिलाकर लगाएं, गर्मियों में खीरे-टमाटर का रस लगाएं।

❑

पके केले को मसलकर चेहरे पर लगाएं, सूखने पर. रूई से पोंछ दें, इससे बढ़ती उम्र की त्वचा को पुष्ट बनाया जा सकता है।

❑

कच्चे दूध को रूई से चेहरे पर लगाएं और कुछ देर बाद रगड़कर उसे धो लें, धीरे-धीरे झुर्रियां दूर हो जाएंगीं।

❑

सूखी डबलरोटी के किनारे को जरा-से दूध में रातभर भिगो दें। सुबह उस मिश्रण में शहद मिलाकर चेहरे पर मलें, सर्दियों में खुश्क हो गया चेहरा खिल उठेगा।

❑

एक अंडे की सफेदी, एक चम्मच नीबू का रस, एक चम्मच अल्कोहल और चौथाई चम्मच खीरे का रस मिलाकर छान लें फिर उसे चेहरे पर लगाएं, झुर्रियां मिट जाएंगीं।

स्नान

❑

सर्दी में स्नान के पानी में दो चम्मच पिसी सरसों मिलाएं।

❑

दूध में अमरस मिलाकर उसमें हल्दी पाउडर डाल दीजिए। अब इस दूध को जामन देकर जमा दीजिए।

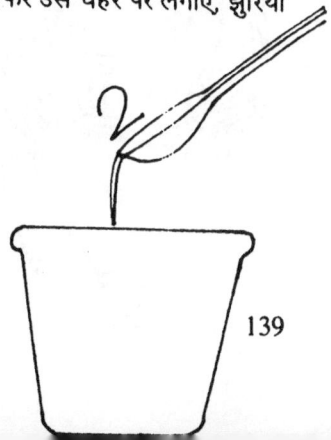

जब वह थोड़ा-सा जम जाए, तो उसमें जौ का आटा मिलाइए, उबटन तैयार है। इसे शरीर पर मलिए। शरीर धूप की तरह खिल उठेगा और त्वचा स्निग्ध हो जाएगी।

❑

एक चम्मच मक्खन और एक चम्मच पानी मिलाकर फेंट लें, धूप से जली त्वचा पर लगाएं, राहत मिलेगी।

❑

थोड़ी पिसी हल्दी, थोड़ा कपूर और कुछ बूंदें सरसों का तेल इन सबको बेसन में मिलाकर पानी के साथ लेप तैयार करें। इस उबटन को लगाकर नहाने से त्वचा साफ होती है तथा रंग निखरता है।

❑

गर्दन का सौंदर्य निखारने के लिए उस पर दस मिनट तक पपीता मलें।

❑

स्नान के पश्चात् नाभि में गुनगुना असली घी लगाने से होंठ गुलाबी रहते हैं।

दांत

❑

थोड़े-से पानी में नीबू का रस डालकर दांत साफ किए जाएं, तो दांतों पर जमी हुई तह उतर जाती है और दांत चमकने लगते हैं।

❑

हल्दी, सरसों का तेल और नमक लगाकर नित्य मंजन करने से दांत मजबूत होते हैं।

❑

हल्दी को आग पर भूनकर बारीक पीस लें। इसे तुरंत दातों पर मलने से दर्द दूर होता है और कीड़े दूर होते हैं।

❏

बेसन, दूध पाउडर और हल्दी पाउडर तीनों को मिलाकर साबुन की जगह लगाएं।

❏

शरीर को रूखेपन से बचाने के लिए नहाने से पहले नारियल तेल व पानी दोनों को मिलाकर मालिश कर ली जाए, तो त्वचा चिकनी व मुलायम रहती है।

नाखून

❏

जैतून के तेल की आहिस्ता-आहिस्ता मालिश करें, चमकीले रहेंगे।

❏

नाखूनों को खुरचें नहीं, सदा नेलकटर का प्रयोग करें।

❏

फिटकिरी की मालिश से नाखून मजबूत होते हैं।

❏

यदि नाखूनों पर दरार पड़ गई हों या वे चटकते हों, तो रात को सोते समय सरसों के तेल से उनकी मालिश करें।

❏

नाखूनों को स्वस्थ बनाए रखने के लिए उन पर नीबू मलिए, इससे नाखूनों की चमक बढ़ेगी व उनका टूटना बंद होगा।

❏

नाखूनों पर उबले आलू मलने से उनकी चमक बढ़ती है।

नेलपॉलिश

❏

नेलपॉलिश सूखने पर उसमें कुछ बूंदे नेलपॉलिश रिमूवर की डाल देने से वह तरल रूप लेने लगेगी।

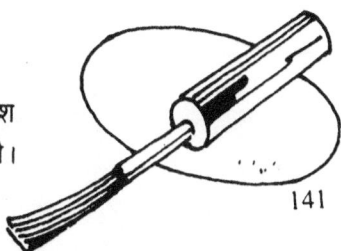

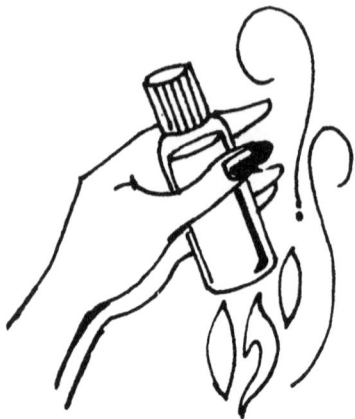

❑

गाढ़ी नेलपॉलिश को हल्के गर्म पानी में पंद्रह-बीस मिनट तक डुबोकर रखें। वह कुछ पतली हो जाती है।

❑

यदि नेलपॉलिश फ्रिज में रखेंगी, तो सूखेगी नहीं।

❑

नेलपॉलिश की शीशी का ढक्कन न खुल रहा हो, तो आधा मिनट हेयर-ड्रायर से उस पर गर्म हवा लगाइए, आसानी से खुल जाएगी।

❑

नेलपॉलिश की शीशी को आंच पर हल्का-सा घुमाइए, ढक्कन आसानी से खुल जाएगा।

हाथ

❑

यदि सफाई के साबुन से हाथ में एलर्जी होती हो, तो दो चम्मच सिरका और आधा चम्मच नीबू का रस लेकर हाथ पर रगड़ें, राहत मिलेगी।

❑

मछली काटने के बाद मछली की गंध न आए इसलिए हाथ पहले एकदम ठंडे पानी में डुबो लें।

❑

हरी मिर्च काटने के बाद हाथ में जलन हो, तो इमली और शक्कर के घोल को हाथ पर मलें।

❑

बालों में खिजाब लगाते समय कई बार हाथों और कपड़ों पर धब्बे लग जाते हैं उन पर कटा हुआ प्याज रगड़ें और कुछ देर बाद धो दें।

❑

हाथ अधिक भद्दे हो रहे हों,तो थोड़ा सिरका और नमक मिलाकर उस पर मलिए, आसानी से साफ हो जाएंगे।

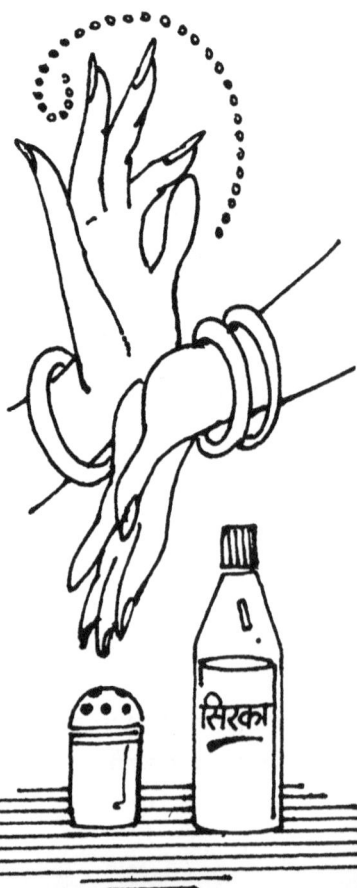

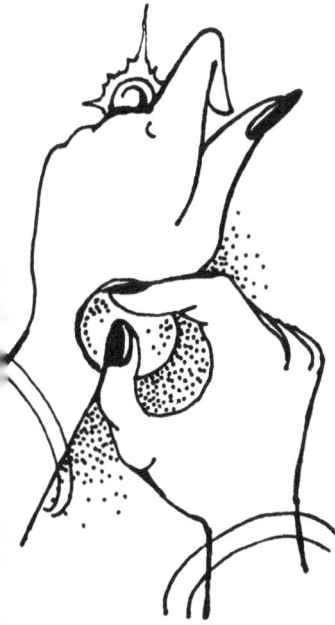

□

मटर का पानी उंगलियों पर मलकर रगड़ें, उंगलियों की सूजन कम हो जाएगी।

□

नीबू के रस से हाथ धोने से हाथों का खुरदुरापन दूर होगा व हाथ चमक उठेंगे।

□

रूखे हाथों के लिए जैतून के तेल और शक्कर का घोल बनाएं, हाथ उसमें डुबो दें।

□

हाथों पर पड़े धब्बे आसानी से न छूटते हों, तो कच्चे आलू से रगड़कर साफ करें।

□

सब्जी काटते समय अंगूठे-उंगलियों पर चाकू के निशान न पड़ें, इसके लिए सब्जी काटने से पूर्व हाथों में घी लगा लीजिए।

मेंहदी

□

मेंहदी लगाते समय मेंहदी के घोल में एक चौथाई चम्मच मेथी पाउडर डाल देने से मेंहदी ज्यादा रचती है।

□

मेंहदी लगाने के लिए प्रयुक्त की गई सिरिंज बहुत अच्छी रहती है, आवश्यकतानुसार सुई काटी भी जा सकती है।

एड़ी

□

सर्दियों में अक्सर पैर की एड़ियां फट जाती हैं। इन्हें आराम पहुंचाने लिए देसी मोम पिघलाकर बिवाइयों में लगाएं।

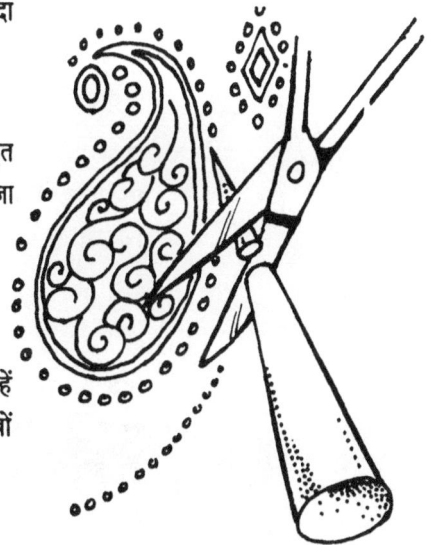

❑

थोड़े-से दूध में डबलरोटी भिगोकर लुगदी बना लें। इसमें कुछ बूंदें ग्लीसरीन, कुछ बूंदे बादाम रोगन व नीबू की डालकर अच्छी तरह मिला लें। फिर एड़ियों पर नियमित रूप से मलें, एड़ियां खूबसूरत हो जाएंगीं।

❑

जाड़े में फटी बिवाइयों के लिए उन पर बथुए का साग रगड़िए, यह क्रम तीन-चार दिन तक अपनाकर देखिए।

❑

बिवाई फटने पर पैरों को गर्म पानी से धोएं। बाद में सरसों के तेल में सेंधा नमक मिलाकर बिवाई वाले स्थान पर लगाकर सिकाई करें। फिर रूई रखकर पट्टी बांधकर सो जाएं।

❑

कच्चा पपीता पीसकर उसमें चौथाई भाग सरसों का तेल व थोड़ी हल्दी मिलाकर पेस्ट बनाएं। इसे गर्म कर लें, एड़ियों को अच्छी तरह धोकर इस तेल को उन पर लगाएं और पट्टी बांध लें।

❑

सरसों के तेल में मोम गर्म करें। सोते समय उसे एड़ियों में लगाकर मोजे पहन लें।

❑

फटी एड़ियों पर बरगद का दूध लगने से भी एड़ियां चिकनी हो जाती हैं।

कोहनी

❑

नीबू का रस और बादाम का तेल कोहनियों पर लगाएं, कोहनियों का कालापन और खुरदुरापन दूर हो जाएगा, ऐसा नियमित रूप से करें।

■■

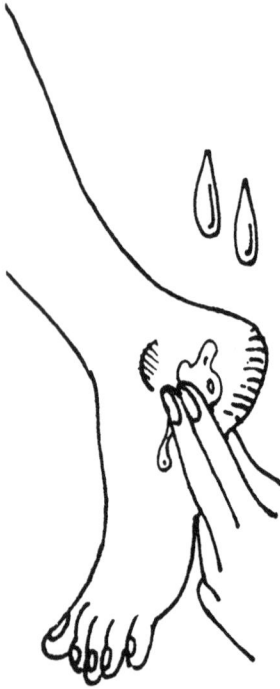

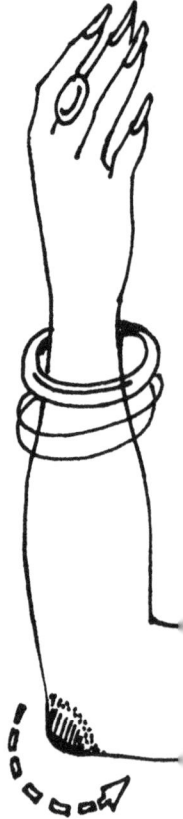